JOYCE MEYER

El camino al éxito

DEJA QUE DIOS TE GUÍE HACIA UNA VIDA
DE SIGNIFICADO Y PROPÓSITO

ORIGEN

Penguin
Random House
Grupo Editorial

Título original: *The Pathway to Success*

Primera edición: mayo de 2025

Esta edición es publicada bajo acuerdo con
Faith Words, una división de Hachette Book Group, Inc., USA.

Copyright © 2024, Joyce Meyer
Todos los derechos reservados.

Publicado por ORIGEN®, marca registrada de
Penguin Random House Grupo Editorial USA, LLC
8950 SW 74th Court, Suite 2010
Miami, FL 33156

Traducción: Daniel Esparza
Copyright de la traducción © 2025, Penguin Random House Grupo Editorial USA, LLC

A menos que se indique lo contrario, todas las citas bíblicas fueron tomadas de la Santa Biblia, Nueva Versión Internacional® NVI® © 1999, 2015, 2022 por Biblica, Inc.® Usado con permiso de Biblica, Inc.® Reservados todos los derechos en todo el mundo. Otras traducciones usadas son: Reina-Valera® 1960 (RVR60) © Sociedades Bíblicas en América Latina, 1960, renovado © Sociedades Bíblicas Unidas, 1988; Reina Valera Revisada® (RVR1977) Copyright © 2017 por HarperCollins Christian Publishing®; Reina Valera Actualizada (RVR-2015), Copyright © 2015 por Editorial Mundo Hispano; Nueva Traducción Viviente (NTV), © Tyndale House Foundation, 2010; Traducción al Lenguaje Actual (TLA), Copyright © 2000 por United Bible Societies.

Penguin Random House Grupo Editorial apoya la protección de la propiedad intelectual y el derecho de autor. El derecho de autor estimula la creatividad, defiende la diversidad en el ámbito de las ideas y el conocimiento, promueve la libre expresión y favorece una cultura viva. Gracias por comprar una edición autorizada de este libro y por respetar las leyes del derecho de autor al no reproducir, escanear ni distribuir ninguna parte de esta obra por ningún medio sin permiso previo y expreso. Al hacerlo está respaldando a los autores y permitiendo que PRHGE continúe publicando libros para todos los lectores. Por favor, tenga en cuenta que ninguna parte de este libro puede usarse ni reproducirse, de ninguna manera, con el propósito de entrenar tecnologías o sistemas de inteligencia artificial ni de minería de textos y datos.

Impreso en Colombia / *Printed in Colombia*

ISBN: 979-8-89098-199-8

25 26 27 28 29   10 9 8 7 6 5 4 3 2 1

Contenido

Introducción 7

1. ¿Qué hay en tu corazón? 13
2. El éxito a la manera de Dios 27
3. La imagen que tienes de ti mismo afecta
   tu futuro 45
4. Dios es lo primero 65
5. Tus pensamientos y palabras afectan tu éxito 83
6. Establecer prioridades 99
7. Aprender a ser fiel 115
8. La necesidad de disciplina y autocontrol 131
9. El camino más fácil 149
10. Excelencia e integridad 169
11. Doce reglas para el éxito 187

Conclusión 207
Notas 211
Sobre la autora 215

Introducción

La mayoría de la gente quiere tener éxito. Dios también quiere que tengamos éxito. Pero es importante comprender que lo que Dios considera éxito no siempre es lo que el mundo considera como tal.

Para el mundo las personas tienen éxito cuando tienen mucho dinero, poseen su propio negocio, ocupan cargos ejecutivos o alcanzan la fama y el reconocimiento. Las personas con carreras muy respetadas, como médicos y abogados, son consideradas exitosas, al igual que los actores, las actrices, los cantantes y los deportistas famosos. También se considera que tienen éxito las personas con estudios superiores y los expertos en su campo. Pero como cristianos, no basamos el éxito en los criterios del mundo. La Biblia enseña que estamos en el mundo, pero no somos del mundo, y que no debemos ser mundanos (Juan 17:11, 14-15; Romanos 12:2).

Los antecedentes y la vida entre bastidores de muchas personas que son consideradas exitosas revelan que son infelices, poco amables, poco cariñosas o egocéntricas. También oímos que a veces luchan contra el abuso de sustancias y problemas en sus relaciones. Puede que trabajen duro para conseguir los puestos que tienen, solo para descubrir que no se sienten realizados y que realmente no saben quiénes son aparte de lo que hacen.

Hace poco alguien me dijo que había ejercido una profesión respetada durante veinticinco años. Ahora está jubilado y ha dicho que siente haber perdido su identidad. Me dijo: "Antes estaba en lo más alto de mi profesión, y ahora no soy nada". Un hijo de Dios nunca tiene que sentirse así porque sabemos que somos mucho más que lo que hacemos. Encontramos nuestro valor en nuestra relación con Dios a través de Cristo. Dios nos ama, y tener su amor es más importante que tener cualquier otra cosa. ¿No es bueno saber que Dios no nos ama por lo que hacemos, sino que nos ama porque somos sus hijos?

Encontramos nuestro valor en nuestra relación con Dios a través de Cristo.

INTRODUCCIÓN 9

Además, muchas de las llamadas personas de éxito se sienten solas. Han dedicado todo su tiempo y energía a estar en lo más alto de su profesión y, como resultado, no suelen tener relaciones significativas.

Para muchas personas, su principal objetivo en la vida es ganar dinero. Si esta es tu prioridad, te sentirás tristemente decepcionado cuando descubras que el dinero no puede hacerte feliz. ¿Tienes dos trabajos para pagar la casa que quieres, mientras ignoras tu relación con Dios y tu familia? ¿Estás tan ocupado trabajando para pagar tu casa que no tienes tiempo para disfrutar de ella? Puede que dentro de muchos años esa casa no esté en condiciones para que nadie viva en ella. O tal vez estás trabajando por un coche que algún día no será más que un pedazo de chatarra.

La Biblia también revela que todo en este mundo es perecedero. Al final, solo Dios permanece, por lo que Él debe ser nuestra máxima prioridad por encima de todo lo demás.

Primera de Juan 2:15-17 dice:

> No amen al mundo ni nada de lo que hay en él. Si alguien ama al mundo, el amor del Padre no está en él. Porque nada de lo que hay en el

mundo —los malos deseos de la carne, la codicia de los ojos y la arrogancia de la vida—, proviene del Padre, sino del mundo. El mundo se acaba con sus malos deseos, pero el que hace la voluntad de Dios permanece para siempre.

Jesús nos dice en Mateo 6:19: "No acumulen para sí tesoros en la tierra, donde la polilla y el óxido destruyen, y donde los ladrones se meten a robar".

Apocalipsis 18:10-11 dice que Babilonia (que para mí representa el sistema mundial) caerá en una hora, y que los "mercaderes de la tierra" (que representan a los comerciantes) se lamentarán (RVR60). Yo no estaba viva durante la Gran Depresión de 1929, pero en un solo día, las personas que tenían una gran cantidad de dinero en la mañana no tenían nada en la tarde. La bolsa se desplomó, los puestos de trabajo escasearon y el dinero que la gente había ahorrado durante años se esfumó en pocas horas. Tener dinero está bien, pero nunca debemos poner nuestra esperanza en él, porque no es estable. Sin embargo, Dios es fiel y nunca cambia (Hebreos 13:8).

En este libro, espero ayudarte a entender cómo recorrer el camino del éxito en tu vida. El éxito que queremos es lo que Dios considera éxito, no el éxito como lo

INTRODUCCIÓN

ve el mundo. En el reino de Dios, las personas pueden ser mundialmente famosas o ricas; pueden ser dueños de empresas, directores ejecutivos de grandes corporaciones, estrellas de cine o celebridades deportivas, o parecer exitosos por otras razones. Pero su motivación será hacer estas cosas para la gloria de Dios, no solo para sentirse importantes y ganar dinero. También desearán compartir lo que tienen con los necesitados.

El éxito que queremos es lo que Dios considera éxito, no el éxito como lo ve el mundo.

Dios quiere que tengas éxito en todo lo que Él te llama y te equipa para hacer, y mi oración es que este libro te guíe por el camino del verdadero éxito piadoso.

1

¿Qué hay en tu corazón?

El éxito no es la clave de la felicidad.
La felicidad es la clave del éxito.
Si amas lo que haces, tendrás éxito.

Albert Schweitzer[1]

En el camino hacia el éxito, las primeras preguntas que quiero hacerte son: ¿qué hay en tu corazón? ¿Qué quieres hacer con tu vida? Si no estás seguro, quizá tengas que probar algunas cosas y ver si encajan contigo. He aquí un ejemplo para explicar lo que quiero decir: si voy a comprar ropa para una ocasión especial, puede que me pruebe cinco o seis prendas antes de encontrar la que me quede bien y me resulte cómoda. Es una buena manera de pensar en cómo encontrar tu camino en la vida. ¿Qué te queda bien? ¿Qué te resulta cómodo? ¿Qué te gusta hacer? ¿En qué eres bueno?

Dios nos da deseos, y con frecuencia nos habla a través de ellos. Dios no te llamará a hacer algo que odias, del mismo modo que yo no me compraría una ropa que me resultara incómoda y no me quedara bien.

Dios te dará el deseo de hacer algo que encaje contigo y que disfrutes. He descubierto que sabes que estás en el camino del éxito cuando estás dispuesto a hacer tu trabajo sin que te paguen por ello.

Estás en el camino del éxito cuando estás dispuesto a hacer tu trabajo sin que te paguen por ello.

LO QUE HABÍA EN MI CORAZÓN

Compartiré más sobre mi camino personal hacia el éxito en el próximo capítulo de este libro, pero aquí simplemente quiero decir que sé lo que es tener un sueño en el corazón y preguntarse cómo se hará realidad. Sé lo que es tener un deseo que significa todo para mí, un deseo que solo Dios puede cumplir. Y afortunadamente, por la gracia de Dios, sé lo que se siente al orar, trabajar y creer en que Él hará realidad un sueño en su tiempo perfecto. He recorrido el camino hacia el éxito a la manera de Dios y he aprendido muchas lecciones a lo largo de este, lecciones que espero y ruego te ayuden y te animen a medida que avanzas en este libro.

Después de que empecé a caminar seriamente con Dios y me sentí llamada a enseñar su Palabra, empecé un pequeño estudio bíblico en mi casa. Durante los años en que hice esto, estaba feliz, pero quería hacer más. Sin embargo, tuve que pasar por un tiempo de prueba antes de que viniera más. Durante esa temporada, intenté muchas cosas diferentes porque estaba llena de celo divino. Reuní a un grupo de señoras y, en un verano, distribuimos diez mil folletos evangélicos, poniéndolos debajo de los limpiaparabrisas de los coches. Intenté trabajar en la guardería de la iglesia, pero cada vez que iba me daba pavor, así que solo lo hice durante dos o tres semanas. Limpié la casa de mi pastor un par de veces. Traté de testificar en la calle o de evangelizar los fines de semana, pero me sentía tan incómoda que temía todos los sábados por la mañana. En una oportunidad, incluso intenté ser la secretaria de mi pastor, pero al final del primer día, me dijo que no creía que yo perteneciera a ese lugar. Tuve que probar todas estas cosas antes de darme cuenta de que enseñar la Biblia era lo mejor para mí. Pero quería hacer mucho más que un pequeño estudio bíblico en mi casa. Me consumía la pasión de enseñar la Palabra de Dios por todo el mundo.

Puede que tu deseo no sea subirte a un estrado, dirigir una empresa, tener tu propio negocio o ser mundialmente famoso. Puede que sea criar hijos maravillosos, ser la mejor esposa del mundo o escribir un libro de cocina. Puede ser tener una panadería. No importa cuál sea tu sueño, siempre y cuando sea lo que realmente quieras hacer y creas con todo tu corazón que Dios quiere que lo hagas. El éxito es hacer lo que sea que hagamos para Dios y hacerlo de manera que le agrade y le dé gloria.

El éxito es hacer lo que sea que hagamos para Dios de una manera que le agrade y le traiga gloria.

Si todo el mundo fuera predicador o líder de alabanza, el mundo no funcionaría bien. Hay miles de puestos de trabajo que hay que cubrir. Dave y yo nos maravillamos de la gente que lava ventanas en edificios altos o trabaja de cara al público y escucha a la gente quejarse. A menudo digo: "Gracias a Dios porque no soy camarera", pero a algunas personas les encanta servir mesas y lo han hecho durante muchos años. Dave dice: "Yo le doy gracias a Dios porque no eres cocinera". Cociné tres comidas al día durante muchos años mientras criábamos a nuestros hijos, pero esos días ya pasaron. La última vez que intenté freírle un huevo a Dave, lo rompí, perdí totalmente la sartén y se me cayó en el quemador de la estufa. Definitivamente, ¡he pasado a otras cosas!

SIGUE TU CORAZÓN, NO TUS EMOCIONES

Algunas personas tienen lo que otros podrían considerar vidas "ordinarias" que no son emocionantes o satisfactorias, pero para esas personas, la vida no es ordinaria de una manera negativa, siempre y cuando se adapte a ellos y los haga felices. Es muy importante que cada uno de nosotros elija hacer lo que Dios pone en su corazón. No dejes que otras personas te empujen a hacer cosas que te hacen sentir miserable, por mucho que piensen que deberías hacerlas. El Salmo 1:1 dice que no debemos aceptar el consejo de los impíos (RVA-2015). Ciertamente, esto significa no tomar el consejo de personas impías, pero también podría significar no dejarnos llevar por las emociones o los pensamientos que no concuerdan con la Palabra de Dios. Si los sueños en mi corazón requieren sacrificio, puede que *no tenga* ganas de hacerlo, y mi mente encontrará muchas razones para no hacerlo. Necesito mirar más allá de todo eso y ver lo que Dios ha puesto en mi corazón, porque en última instancia eso es lo único que me satisfará. Además, necesito creer que estoy complaciendo a Dios con mi decisión, porque intentar hacer algo con un corazón culpable no me hará feliz. Debes tener la seguridad de que lo que haces es correcto a los ojos de Dios; de lo contrario, no tiene sentido hacerlo. Multitud de personas se preguntan: "¿Qué quiere Dios que haga?" o "¿Cómo puedo saber lo que Dios quiere que haga?". Primero, debe estar de acuerdo con la Palabra de Dios. Debe ser algo que tú deseas hacer, que disfrutarás hacer, y que crees que Dios te ha ungido —o te ha dado la habilidad— para hacerlo. La unción de Dios es su presencia y poder. Cuando haces lo que Él te ha dado el deseo de hacer, sientes que la presencia de Dios y su poder están contigo. Esto no significa que nunca tengas que hacer algo que realmente no quieres o que no tienes ganas de hacer. Todos estamos llamados a hacer sacrificios eventualmente, pero me refiero a la vocación de tu vida. En lo que se refiere a eso, debes tener el deseo de hacerlo. No creo que Dios llame a la gente a dedicar su vida a cosas que no disfrutarían o que les harían infelices por siempre.

EVITA HACERTE LAS PREGUNTAS EQUIVOCADAS

Cuando sientas un fuerte deseo de hacer algo, no te preguntes cómo te hacen sentir algunos aspectos necesarios de ese deseo. Recuerdo cuando alguien me preguntó: "¿Cómo te sientes con todos los viajes que tienes que hacer para tener éxito en lo que Dios te ha pedido?".

Pensé un momento y me dije: "Hacía mucho, mucho tiempo que no me hacía esa pregunta". No importa cómo me sienta al viajar. Las preguntas que importan son: ¿me siento realizada al hacerlo y creo que estoy haciendo lo que Dios quiere que haga? Y la respuesta es: sí. Puede que no disfrute de ciertas partes de mi trabajo, como viajar, hacer y deshacer maletas y alojarme en varios hoteles ¡Pero amo, amo, amo mi trabajo en general! La verdad es que no hay ningún trabajo en el que disfrutemos de cada pequeña cosa que haya que hacer. Tenemos que ver todo lo que implica como un conjunto, y cuando estemos haciendo lo que Dios tiene para nosotros, encontraremos que son más las cosas que amamos que aquellas que nos disgustan.

No pierdas el tiempo preguntándote qué piensas sobre esto o aquello, porque nuestros pensamientos y sentimientos pueden cambiar de una hora a otra. Por ejemplo, puedo pensar que quiero hacer algo, y una hora después pensar que no quiero hacerlo. Nuestros pensamientos son cambiantes y poco fiables cuando se basan simplemente en lo que sentimos. Un pensamiento puede decirte que hagas algo porque será divertido, y el siguiente puede decirte que la misma actividad será demasiado dura. No te preguntes lo que piensas. En lugar de eso, centra tu mente en Dios durante un rato, reza y pídele que te muestre lo que hay en tu corazón. Esto te ayudará a encontrar lo que debes hacer.

Recuerdo a una mujer que no tenía ningún deseo fuerte de hacer nada en particular. Durante mucho tiempo se sintió muy frustrada. Entonces Dios la guio al Salmo 100:2, que dice: "Sirvan al Señor con alegría" (RVA-2015), y decidió que servirle con alegría era el llamado de su vida. Algunas personas son alentadoras, otras son ayudantes, otras son organizadoras y otras hacen muchas otras cosas que no encajan en el estándar de éxito del mundo. Así que no pienses que haces algo sin importancia solo porque el mundo no lo considere grande. Algunas de las personas más importantes de mi vida son las que me ayudan con los detalles prácticos de mi vida y las que rezan por mí y me animan. En resumidas cuentas, lo que Dios te da para hacer es importante, sea lo que sea.

EL FRACASO FORMA PARTE DEL ÉXITO

Me gusta esta cita, que a menudo se atribuye a Winston Churchill: "El fracaso no es fatal. Lo que cuenta es el valor de continuar".

Estoy convencida de que, si nunca te rindes, acabarás llegando al lugar perfecto para ti. A menudo he dicho que creo que mi mayor don es negarme a rendirme. No me rendiré. La Biblia está llena de textos que nos animan a no rendirnos. La gente me pregunta a menudo si voy a jubilarme, y yo les digo que no he pensado mucho en ello. Si empiezo a pensar demasiado en ello, puedo debilitarme y sentir que no soy capaz de continuar por alguna razón. La mayor parte del tiempo me siento joven por dentro, así que voy a actuar joven por fuera.

Creo que mi mayor don es negarme a rendirme.

Entiendo que tendré que ajustar mi horario a medida que pasen los años, y lo haré con sabiduría. Pero no planeo llegar al punto en que simplemente me siente en una silla y no haga nada día tras día. No sé cuándo o si me retiraré de enseñar la Palabra de Dios como lo he estado haciendo por más de cuarenta años. No tengo planes de hacerlo, pero haré lo que Dios me guíe a hacer. En nuestro camino hacia el éxito, a veces fracasaremos y tendremos que ajustar nuestros planes. John Maxwell escribió un libro titulado *Failing Forward*, que en español se traduce como "Fracasar hacia adelante". Creo que la idea de fracasar hacia adelante es genial. Básicamente significa que debemos permitir que nuestros fracasos se conviertan en peldaños hacia el futuro en lugar de que nos retengan. Somos sabios cuando aprendemos de nuestros errores en lugar de sentirnos culpables por ellos. He cometido muchos errores, pero también he tenido muchos éxitos. Si dejas que cada fracaso te destroce, no tendrás éxito en lo que realmente quieres hacer. Dios conoce tu corazón, y siempre que desees sinceramente hacer su voluntad, aunque te desvíes por el camino equivocado, Él te guiará suavemente de vuelta al correcto.

No tendrás éxito si dejas que
el fracaso te devaste.

Por ejemplo, intenté salir en televisión mucho antes de que llegara el momento. Alquilamos un estudio de televisión por cable e intenté hacer un programa de entrevistas. Me senté con tres o cuatro personas que trabajaban para mí y les hice preguntas. Pero el problema era que yo también respondía a las preguntas. No puedes hacer un programa de entrevistas si eres el único que habla. A lo largo de seis meses, solo recibimos un correo en respuesta al programa, y me di cuenta de que iba por mal camino. Después de eso, entendí todo sobre la televisión y me sorprendí cuando Dios nos mostró que quería que produjéramos un programa. Me di cuenta de que era parte del plan de Dios desde el principio, pero no estaba siguiendo su calendario la primera vez. A veces sabemos en nuestro corazón la voluntad de Dios, pero nos adelantamos a su tiempo.

A veces nos adelantamos al tiempo de Dios.

Permíteme repetir que sentirse culpable por los errores es inútil. Todos cometemos errores. Cuando cometas uno, simplemente pídele a Dios que te perdone y te muestre cómo empezar de nuevo.

El apóstol Pablo escribe:

> Hermanos, yo sé muy bien que todavía no he alcanzado la meta; pero he decidido no fijarme en lo que ya he recorrido, sino que ahora me concentro en lo que me falta por recorrer. Así que sigo adelante, hacia la meta, para llevarme el premio que Dios nos llama a recibir por medio de Jesucristo.
>
> Filipenses 3:13-14 TLA

Para Pablo era importante olvidar el pasado y avanzar hacia el futuro. Sabía que sentirse culpable por los errores del pasado solo le impediría avanzar. Después de convertirse en seguidor de Cristo, solo puedo imaginar lo que debió sentir al pensar en cómo había perseguido a la Iglesia y encarcelado a los cristianos (Hechos 8:3). Tras su conversión en el camino de Damasco, empezó a predicar el mismo mensaje por el que antes había condenado a otros predicadores (Hechos 9:1-31). Seguro que el diablo le recordó a menudo de su comportamiento pasado y trató de retenerlo haciéndolo sentir culpable y condenado. Pero Pablo se mantuvo firme frente a ello.

¿Y Pedro? Tres veces negó conocer a Cristo. Cuando se dio cuenta de lo que había hecho, salió y lloró amargamente (Lucas 22:54-62). Ese fue su momento de arrepentimiento, y Dios lo perdonó y lo transformó de cobarde en alguien que hablaba con valentía en nombre del Reino de Dios. El día de Pentecostés, Pedro predicó acerca de Jesús, y ese día se añadieron unas tres mil personas a la Iglesia (Hechos 2:38-41).

Algunos de nuestros peores errores nos enseñan las mejores lecciones de nuestra vida. Una vez que los hemos cometido, solo tenemos que aprender de ellos, olvidarlos y seguir trabajando con Dios para seguir lo que hay en nuestros corazones. Así es como descubrimos el camino correcto hacia el destino que Dios nos ha dado.

2

El éxito a la manera de Dios

Las mejores cosas nunca se consiguen con prisas.
Dios no tiene prisa; sus planes nunca son apresurados.

Michael R. Phillips[2]

Para encontrar el camino del éxito, debemos recurrir a las Escrituras. Josué 1:8 dice: "Recita siempre el libro de la Ley y medita en él de día y de noche; cumple con cuidado todo lo que en él está escrito. Así prosperarás y tendrás éxito".

Como la mayoría de la gente, pasé años queriendo tener éxito, pero al principio mi motivación era parcialmente errónea. Quería servir a Dios, pero también quería tener éxito porque mi padre, que abusó sexualmente de mí, me decía a menudo que nunca llegaría a nada sin él. Quería demostrarle que estaba equivocado y que era la última persona en la tierra que necesitaba para tener éxito. Quería tener éxito para demostrar que valía, así que Dios tardó un tiempo en purificar mis motivos. Puedes pensar que estás listo para tener éxito ahora, pero Dios sabe más, y si esperas en Él, finalmente te alegrarás de haberlo hecho.

Albert Einstein dijo: "Trata de no convertirte en un hombre de éxito"[3]. Me gusta mucho esta cita porque la mayoría de nosotros queremos sentirnos exitosos en la vida sin darnos cuenta de que la idea que Dios tiene del éxito tiene más que ver con nuestro carácter, integridad y valor que con nuestros logros.

Alguna vez fui una persona impulsiva, y trataba de tener éxito por muchas de las razones equivocadas. Después de años de aprender a través de mis errores y estudiar la Palabra de Dios, he pasado de ser una mujer que busca tener éxito a ser una persona de carácter y valor que camina en amor, que agrada a Dios y es guiada por el Espíritu Santo. Creo que es bueno que todos nos preguntemos: "¿Tengo impulsos o soy guiado?".

Pregúntate:
"¿Tengo impulsos o soy guiado?".

He leído que muchos de los líderes y famosos del mundo sufrieron abusos cuando eran niños. ¿Por qué? Según el artículo, tuvieron éxito porque querían demostrar su valor.

Detente un momento y piensa en todas las personas supuestamente exitosas que un día tendrán que enfrentarse a Dios y dar cuenta de sus vidas (Romanos 14:12). ¿Qué tan impactados se sentirán al saber que sin Jesús no son exitosos, sin importar lo que hagan?

DIOS USA GENTE QUE EL MUNDO IGNORARÍA

Antes de continuar escribiendo sobre cómo tener éxito, quiero compartir algo de información sobre mis antecedentes y el estado mental y emocional en el que me encontraba cuando comencé mi viaje con Dios. Creo que esto te animará a darte cuenta de que Dios sana y utiliza a personas que el mundo ignoraría o descartaría.

Cuando tenía dieciocho años, empecé a trabajar en el departamento de contabilidad de una empresa de pinturas y me iba bastante bien. Pero entonces conocí y me casé con un joven que había crecido en un hogar disfuncional, como yo. Tenía muchos problemas de personalidad y defectos de carácter, y era un ladrón y un mentiroso. Rara vez trabajaba, y con frecuencia estafaba a todos sus conocidos, incluida yo, con cualquier cosa que pudiera conseguir. Aunque yo era su esposa, me engañaba con otras mujeres.

¿Por qué me casé con él? Porque estaba desesperada, temía que nadie me quisiera porque había sufrido abusos sexuales. La gente desesperada hace cosas desesperadas, y eso es imprudente. Cuando miro atrás, me doy cuenta de que no tenía paz, y no por haberme casado con él, sino porque no estaba acostumbrada a seguir al Espíritu Santo. Simplemente hacía lo que me daba la gana. La mayoría de las veces me metía en problemas.

La gente desesperada hace cosas desesperadas.

El joven con el que me casé era tan disfuncional como yo, si no más, y el matrimonio estaba condenado desde el principio. Me abandonó varias veces, pero yo estaba tan desesperada por ser amada debido a la forma en que me habían educado que, tontamente, volví a aceptarle, solo para volver a pasar por el mismo ciclo. Estuvimos legalmente casados cinco años, pero estuvimos más tiempo separados que viviendo juntos. Me quedé embarazada, aborté y volví a quedarme embarazada varios meses después. Esa vez me dejó, vivió con otra mujer y le dijo a la gente que el bebé que yo esperaba no era suyo. En cuanto di a luz, se presentó en el hospital y nuestro hijo se parecía tanto a él que no se podía negar que era el padre.

Salimos del hospital sin hogar. Literalmente no teníamos a dónde ir, así que mi marido llamó a la ex mujer de su hermano, que era cristiana, y le preguntó si podíamos quedarnos con ella temporalmente. Afortunadamente, nos acogió en su casa. No teníamos dinero y nos ayudó todo lo que pudo.

Mi marido no se molestaba en trabajar, así que, en cuanto pude, encontré un buen trabajo de oficina y ahorré lo suficiente para alquilar un pequeño apartamento. Entonces mi marido desapareció otra vez. Al poco tiempo, volvió y, por supuesto, le acepté de nuevo. Pero tenía una novia. Finalmente, no pude aguantar más sus mentiras, sus abusos emocionales y su infidelidad, así que le dije que se fuera. Pedí el divorcio y también tuve que declararme en quiebra para no tener que responder por sus deudas. En aquel momento, solo tenía una opción —una mala. Tenía que preguntarle a mi padre si podía volver y vivir en casa. Era lo último que quería hacer porque sabía que significaría intentar alejarme de sus abusos, pero estaba desesperada. Necesitaba ayuda con mi bebé y no ganaba suficiente dinero para mantenernos adecuadamente, y sentí que no tenía más remedio que someterme a la posibilidad de volver a sufrir abusos.

Poco después de volver a casa de mis padres, conocí a Dave Meyer. Conocerle fue una intervención divina en mi vida. Había llamado a mi bebé David, como mi hermano, y entonces conocí a Dave. Creo que Dios tenía un plan. Creía en Dios y recé mucho durante esa época de mi vida. Le pedía a Dios que me sacara de la terrible situación en la que me encontraba y rezaba constantemente para que algún día me enviara a alguien que me amara de verdad. Durante ese tiempo, Dave estaba orando por una esposa y le pidió a Dios que le diera a alguien que necesitara ayuda. ¡Y vaya si necesitaba ayuda!

Dave y yo tuvimos cinco citas. Luego me pidió que me casara con él, y le dije que sí. El mayor problema fue que, aunque acepté, no tenía ni idea de lo que era el amor. Todas las personas que antes me habían dicho que me querían habían abusado de mí o me habían abandonado. Nunca me habían amado de verdad y tuve que aprender lo que era el amor. Dios me enseñó sobre el amor, pero me llevó bastante tiempo creer de verdad que Él me amaba, que Dave me amaba y que yo merecía ser amada.

Dave es un hombre maravilloso y piadoso que me ama de verdad y siempre me ha amado. Pero yo no sabía cómo recibir amor ni cómo amar a otra persona. Tuvimos tres años muy duros, y luego tuvimos varios años difíciles, pero eran un poco mejores que los tres primeros. Íbamos a la iglesia y yo amaba a Dios, pero no tenía ni idea de cómo vivir con éxito la vida cristiana. Cada noche me arrodillaba junto a mi cama y le pedía a Dios que me hiciera una buena esposa, una buena madre y, sobre todo, una buena cristiana, y que me perdonara mis pecados. Eso era básicamente todo lo que sabía rezar. Sin embargo, Dios vio mi corazón y tenía un plan para mi vida, igual que tiene un plan para la tuya.

DIOS ME CAMBIÓ

Aunque Dave y yo íbamos a la iglesia, yo necesitaba algo más. Nunca estaba contenta ni feliz, hiciera lo que hiciera. Una mañana de 1976, de camino al trabajo, clamé a Dios diciendo: "Tienes que hacer algo. No puedo seguir así". Sentía que había llegado al final de mí misma y de mis propios esfuerzos al intentar cambiarme. Ese día, cuando volvía a casa del trabajo, Dios me tocó de repente y me llenó del Espíritu Santo. Sentí como si Él hubiera derramado amor líquido en mí. De repente, todo se volvió hermoso. Hasta las malas hierbas me parecían hermosas porque sabía que Dios las había creado. No sabía realmente lo que me había pasado, pero al escuchar los testimonios de otras personas en la radio, me di cuenta de que gente de todo el mundo estaba pasando por la misma experiencia.

Bajo la dirección del Espíritu Santo, comencé a ofrecer un estudio bíblico en mi casa, que mencioné en el capítulo anterior. Ese fue el comienzo de mi ministerio. Pasaron diez años antes de que Dios me aclarara que Dave y yo íbamos a comenzar el ministerio que tenemos hoy. Pero Joyce Meyer Ministries [Ministerios Joyce Meyer] no comenzó como es ahora. Comenzó como una pequeña organización, y ha crecido durante un período de treinta y siete años, hasta el momento de escribir este libro. Y yo he tenido el privilegio de enseñar la Palabra de Dios durante cuarenta y siete años. Por favor, recuerda esto, para que no te desanimes si tu sueño tarda en hacerse realidad más de lo que crees que debería.

Aparte de la gracia y el poder capacitador de Dios, no tenía calificaciones para enseñar la Biblia, excepto que realmente amaba al Señor, me sentía guiada a enseñar su Palabra, y quería hacer cualquier cosa que Él deseara ordenarme. Si no te sientes calificado para hacer algo que crees que Dios te está llamando a hacer, probablemente seas la persona que Él quiere usar. Él no siempre llama a las personas que son capaces, pero sí llama a aquellos que están disponibles.

Sentía que yo misma estaba demasiado mal como para ayudar a los demás, pero a medida que estudiaba lo que dice la Palabra de Dios sobre las áreas en las que necesitaba ayuda, compartía lo que iba aprendiendo con las pocas personas a las que enseñaba en mi casa. Descubrí que la mayoría de nosotros tenemos los mismos problemas en diferentes grados, así que las personas que venían a escucharme aprendían tanto como yo. Todos aprendíamos juntos.

Lo que ocurre con el éxito es que hay que dar un paso inicial, y a menudo es el más difícil. Dios rara vez nos muestra qué hacer de golpe; lo hace poco a poco, paso a paso. A medida que somos obedientes para dar el primer paso, Él nos da el siguiente. Puede que no nos lo muestre de inmediato, pero nos lo dará en el momento oportuno.

El primer paso suele ser el más difícil.

Mirando hacia atrás, realmente no tengo idea de cómo tuve el valor de iniciar un estudio bíblico o por qué pensé que alguien asistiría. Pero cuando Dios nos llama a hacer algo, abre las puertas y hace posible lo imposible (Mateo 19:26). También nos da el don de fe, que nos permite creer que podemos hacer lo que de otro modo creeríamos que no podríamos hacer. Incluso podemos hacer cosas que a los demás les parezcan ridículas, pero es importante escuchar a Dios antes que a la gente.

Empecé en el ministerio en 1976, y ahora soy un éxito, a la manera de Dios. Estoy en la televisión de todo el mundo en más de doscientas cuarenta emisoras, y mi programa *Disfrutando la vida diaria* está traducido a más de ciento cinco idiomas diferentes. Mis enseñanzas también se emiten en más de trescientas setenta emisoras de radio. Y he escrito más de ciento cuarenta libros a lo largo de los años que llevo en el ministerio. La gente está cambiando gracias a la Palabra de Dios, y yo soy feliz porque ayudar a los demás es lo que nos hace felices.

En Joyce Meyer Ministries, tenemos el privilegio de realizar muchos alcances misioneros. He realizado sesenta y siete viajes misioneros a lo largo de los años. Mi hijo y mi nieto, junto con otros ocho de nuestros empleados, están en un viaje misionero en África ahora mismo, mientras escribo este libro. Nuestras misiones son muy importantes para mí porque la Palabra de Dios nos ordena que ayudemos a los pobres, los débiles, los huérfanos y los necesitados (Salmo 82:3; Proverbios 14:31), y me tomo esta directiva muy en serio. En el momento de escribir este libro, hemos publicado libros en ciento sesenta y un idiomas y distribuido más de cuarenta y un millones de libros en todo el mundo. Hemos ayudado a la gente tras más de doscientos desastres naturales a lo largo de los años y hemos servido más de cuatrocientos setenta y nueve millones de comidas hasta la fecha a través de nuestros programas de alimentación en todo el mundo. Hemos atendido a más de tres millones de pacientes médicos y dentales, y hemos construido más de dos mil pozos de agua en aldeas que carecían de agua limpia y potable en más de cuarenta países.

Comparto estos detalles solo para dar gloria a Dios, no para presumir de mí misma. También los uso como ejemplo para inspirarte a creer que tú también puedes hacer algo. Nada de lo que ha hecho nuestro ministerio habría sido posible si Dios no lo hubiera ordenado y mantenido. Él nos ha dado socios maravillosos que apoyan el ministerio financieramente y con sus oraciones, especialmente en el área de misiones. Estas personas son regalos de Dios para nosotros, y forman parte de todo lo que Dios nos permite hacer. No podríamos hacer nada de lo que hacemos si Dios no los hubiera levantado para ayudarnos. Pueden imaginarse cuánto dinero se necesita para pagar todo lo que hacemos y, sin embargo, no tenemos deudas y nunca hemos pedido dinero prestado. Dios provee a través de personas que quieren compartir el mensaje del Evangelio sobre Jesús y que quieren ayudar a las personas que sufren.

Mi historia es bastante sorprendente, teniendo en cuenta que empecé con doce personas en un estudio bíblico que se reunía en mi casa una vez a la semana. Incluso eso fue un paso de fe total, porque no tenía ni idea de cómo enseñar la Biblia, pero tenía un deseo tan fuerte de hacerlo que creía que podía. Estudié la Biblia durante horas solo para conseguir un mensaje que compartir cada semana. Aunque no he tenido entrenamiento profesional, he ido a la escuela del Espíritu Santo, y Él me ha enseñado bien.

Cada vez que se me abría una puerta para enseñar más la Palabra de Dios, me entusiasmaba. Estudiaba mucho y lo hacía lo mejor que podía, pero siempre me preocupaba si tenía el mensaje correcto y si lo transmitía adecuadamente. Necesitaba más confianza en Dios, en su fidelidad y en la capacidad que me había dado para hacer lo que me estaba guiando a hacer. Me llevó algunos años, pero con el tiempo y la experiencia, finalmente aprendí a confiar en Dios en cada paso del camino. Y ahora, incluso si cometo un error, creo que Dios lo resolverá para bien en mi vida.

Puedes hacer cosas aparentemente imposibles con Dios de tu lado.

Continuaré contando mi historia más adelante en el libro, pero por ahora solo quiero que sepas que puedes hacer cosas increíbles —cosas aparentemente imposibles— con Dios de tu lado. Puede que tengas un alto nivel educativo o que no lo tengas; puede que tengas un talento natural o que sientas que no tienes habilidades especiales de ningún tipo. Pero independientemente de lo que sientas que quieres hacer en la vida, la única manera de tener éxito a la manera de Dios es apoyándote totalmente en Él.

¿ESFUERZO PROPIO O FE?

Durante años, trabajé duro en el ministerio, pero no me tomé el tiempo para disfrutarlo. Me preocupaba tanto si estaba haciendo y diciendo lo correcto que la mayor parte del tiempo estaba estresada. A veces hacemos lo correcto, pero lo hacemos de manera equivocada o en el momento equivocado. Tenemos lecciones que aprender, pero al final descubrimos que Dios nos ha invitado a entrar en su descanso (Hebreos 4:1). Solo así podremos disfrutar de lo que hacemos.

El descanso de Dios no es descanso del trabajo sino descanso mientras trabajamos.

Entramos en el descanso sobrenatural de Dios creyendo lo que Él dice en su Palabra. No es un descanso en el cual tomamos una siesta o nos sentamos por una hora. El descanso de Dios no es descanso *del* trabajo sino descanso *mientras* trabajamos. En él no hay lugar para la preocupación, la ansiedad o el razonamiento excesivo. Una vez que aprendí esta lección, empecé a disfrutar plenamente de la tarea que Dios me había asignado. Descansar en Dios significa que dependo de Él para que me favorezca ante las personas que tengo delante, en lugar de sentir que debo impresionarlas. Estudio diligentemente, pero dependo de Dios para que mis sermones sean fructíferos. No dependo de mí misma. Elijo lo que creo que Dios quiere que enseñe, lo estudio y rezo, y luego se lo entrego a Él para hacerlo bien. Todavía hay veces en que, después de enseñar, siento que mi sermón fue terrible, pero Dave y otros siempre me aseguran que fue estupendo. He aprendido a creer que los mensajes son buenos, aunque en ese momento no lo sintiera así. Creo que Dios nos oculta sentimientos en ciertos momentos para enseñarnos a caminar en fe.

El éxito a la manera de Dios siempre se encuentra en su descanso, no en nuestro esfuerzo y lucha. Jesús dice que, si estamos cansados y agobiados, Él nos dará descanso (Mateo 11:28-30). Dios es tu compañero en la vida, lo que significa que quiere ser invitado a participar en cada cosa que hagas. Así que aprende a apoyarte en Dios en todo momento, o nunca tendrás éxito a la manera de Dios.

Aprende a apoyarte en Dios en todo momento.

Recuerda que Jesús dice: "Separados de mí, no pueden hacer nada" (Juan 15:5 NTV). Si realmente creemos esto, no perderemos el tiempo tratando de hacer las cosas con nuestra fuerza y habilidad humanas. ¿Con qué estás luchando? ¿Estás tratando de hacer algo para lo que Dios no te ha llamado y dotado? ¿Has olvidado pedirle a Dios que te ayude? Afortunadamente, este problema puede solucionarse con una breve oración: "Padre, siento haber intentado hacer esto por mi cuenta. Perdóname y, por favor, ayúdame". Tal vez estés luchando porque estás haciendo algo seguro en lugar de aventurarte con fe a hacer lo que verdaderamente está en tu corazón. Algunas personas son lo suficientemente audaces como para creer que pueden conquistar el mundo, y son las que lo logran. Tú puedes ser una de esas personas; simplemente necesitas poner tu confianza en Dios, caminar con fe, y vivir en Su descanso mientras lo haces, un paso a la vez.

¿Estás haciendo algo seguro en lugar de lo que realmente te dicta el corazón?

3

La imagen que tienes de ti mismo afecta tu futuro

La peor soledad es no estar a gusto con uno mismo.

Mark Twain[4]

Antes de hablar más sobre el éxito, creo que primero tenemos que examinar cómo nos vemos a nosotros mismos. Si no tienes confianza y una buena imagen de ti mismo, no tendrás éxito. La imagen que tienes de ti mismo es la que llevas dentro, en tu corazón y en tu mente. Si no te gustas a ti mismo y con frecuencia encuentras defectos en ti, no es probable que tengas éxito en la vida. Lamentablemente, la gran mayoría de la gente no se gusta a sí misma. Se comparan con los demás, olvidando que esas personas también tienen defectos. Puede que oculten sus defectos y pretendan ser algo más de lo que son, pero tienen sus luchas y sus defectos. Si quieres un ejemplo de alguien a quien parecerte, mira a Jesús, no a otro ser humano.

No tendrás éxito si no tienes confianza en ti mismo y una buena imagen de ti mismo.

Tú y yo somos permanentemente defectuosos, como todo el mundo. Pero también hemos sido creados con ternura y maravilla (Salmo 139:14). Darme cuenta de que siempre tendré defectos y asumirlo sin problemas me tomó un tiempo. Si no tuviera defectos, no necesitaría a Jesús, así que ahora acepto de buen grado mis debilidades. Le pido a Dios que me ayude con ellas, y a menudo lo hace. Pero entonces se revela algo más, algo que no me gusta. La verdad es que nunca manifestaremos la perfección hasta que nuestros cuerpos terrenales hayan dejado de existir y estemos en casa, en el cielo, con el Señor.

En 2 Corintios 12:9 aprendemos que la gracia de Dios es suficiente, y que su fuerza se perfecciona y se manifiesta a través de nuestras debilidades. También en este versículo, Pablo escribe "gustosamente presumiré más bien de mis debilidades, para que permanezca sobre mí el poder de Cristo".

UN CORAZÓN PERFECTO

Aunque no podemos manifestar la perfección en nuestros pensamientos, palabras y obras, podemos tener un corazón perfectamente dirigido hacia Dios. Afortunadamente, gracias a su gracia y a la ayuda del Espíritu Santo, mejoramos gradualmente, aunque nunca seremos perfectos. Podemos celebrar y disfrutar de nuestro progreso en lugar de enfadarnos con nosotros mismos por nuestras imperfecciones.

Segunda de Crónicas 16:9 dice: "El Señor recorre con su mirada toda la tierra y está listo para ayudar a quienes le son fieles". Esta escritura me anima porque enseña que Dios se mostrará fuerte en aquellos cuyos corazones son perfectos hacia Él, no en aquellos que actúan perfectamente. ¿Qué es un corazón perfecto? Creo que es el deseo que se encuentra en alguien que quiere ser perfecto a los ojos de Dios; alguien que ama a Dios completamente y quiere hacer su voluntad. Aunque estas personas puedan tener debilidades, no significa que tengan corazones perversos. Las personas cuyos corazones son perfectos se afligen cuando pecan, pero no pierden tiempo sintiéndose culpables. Rápidamente se arrepienten, reciben el perdón y avanzan hacia las cosas buenas que Dios ha planeado para ellos.

CONFIANZA

Martín Lutero dijo: "La fe es una confianza viva y audaz en la gracia de Dios, tan segura y cierta que un hombre podría jugarse la vida por ella mil veces".[5]

No ponemos la confianza en nosotros mismos; la ponemos en Cristo Jesús. Nuestro objetivo no es tener confianza en nosotros mismos o ser absolutamente autosuficientes, sino confiar en Dios, que vive en nuestros corazones y ha prometido no abandonarnos nunca y estar siempre con nosotros (Deuteronomio 31:8; Mateo 28:20). También nos ha dado su Espíritu Santo para que nos ayude (Juan 14:26). Creo que puedo hacer cosas, pero sé que no puedo hacerlas bien sin la ayuda de Dios. Jesús dice: "Separados de mí, no pueden hacer nada" (Juan 15:5 NTV). Para tener éxito, necesitamos apoyarnos en Dios en todo momento, para todo.

Las personas inseguras de sí mismas sufren mental, emocional, social y espiritualmente. Lo sé porque yo fui insegura durante muchos años y he conocido a miles de personas que luchan contra la inseguridad. Cada uno de nosotros tiene un destino dado por Dios y debería ser libre de cumplirlo. Pero eso no sucederá mientras seamos inseguros y tengamos una imagen pobre de nosotros mismos. Para tener éxito en algo, debemos estar dispuestos a intentarlo. Si probamos algo y no funciona, debemos probar otra cosa. Las personas inseguras y con mala imagen de sí mismas no lo hacen por miedo. Prefieren no hacer nada y sentirse seguras, a arriesgarse a probar algo nuevo y que no funcione.

Antes de que Dios nos formara en el vientre materno, Él nos conocía y nos había aprobado como instrumentos escogidos (Jeremías 1:5). Esto nos asegura que Dios tiene algo especial para cada uno de nosotros, incluyéndote a ti. Él conoce cada error que cometerás antes de que lo cometas, y aun así te ha escogido. Dios nunca pretende que luchemos contra nosotros mismos o que no nos gustemos. Él quiere que creamos y aceptemos Su amor incondicional, y que dejemos que ese amor nos dé la confianza que necesitamos para tener éxito en todas las áreas de nuestras vidas.

Dios no pretende que luches contra ti mismo.

RELACIONES

Todos tenemos relaciones: con la gente, con Dios y con nosotros mismos. Pero rara vez pensamos mucho en nuestra relación con nosotros mismos, y es de vital

EL CAMINO AL ÉXITO 51

importancia. Nuestra relación con nosotros mismos afecta incluso a nuestra relación con Dios y, desde luego, influye en nuestras relaciones con los demás. Si somos inseguros y nos falta confianza, proyectamos una imagen de timidez y debilidad, y las personas con las que intentamos relacionarnos sentirán por nosotros lo mismo que nosotros sentimos.

Una vez tuve una secretaria que carecía de confianza en casi todos los sentidos. Esto hizo que yo también perdiera la confianza en ella, y al final no pudimos trabajar juntas. Yo la veía como ella se veía a sí misma. Quería sentirme segura de que podía hacer todo lo que yo le encargara, o que al menos se esforzaría al máximo. Pero me di cuenta de que eso no ocurriría porque ella tenía una mala imagen de sí misma, mucho miedo y poca confianza.

La Biblia nos cuenta la historia de doce espías que Moisés envió a Canaán, la Tierra Prometida, para explorar la tierra y ver si era buena (Números 13:1-14:8). Cuando los doce regresaron, diez de ellos dieron un informe negativo. Al ver los gigantes que vivían en esa tierra, dijeron que sabían que no podrían derrotarlos. La Nueva Traducción Viviente de la Biblia llama a esto un "mal informe" (Números 13:32 NTV). Solo dos hombres,

Josué y Caleb, dieron un buen informe lleno de confianza (Números 14:6-8). Los espías negativos vieron a los gigantes y dijeron que Israel no podía derrotarlos porque "nos sentíamos como saltamontes y así nos miraban ellos" (Números 13:33 NTV). Pero los dos hombres que tenían una actitud positiva, Josué y Caleb, creían que los israelitas podían entrar en la Tierra Prometida. Solo dos de los doce tenían confianza en que podrían conquistar a la gente que actualmente vivía en la tierra.

Este fue el informe que dieron a Moisés: "Entramos en la tierra a la cual nos enviaste a explorar y en verdad es un país sobreabundante, una tierra donde fluyen la leche y la miel. Aquí está la clase de frutos que allí se producen. Sin embargo, el pueblo que la habita es poderoso y sus ciudades son grandes y fortificadas. ¡Hasta vimos gigantes allí, los descendientes de Anac! Los amalecitas viven en el Neguev y los hititas, los jebuseos y los amorreos viven en la zona montañosa. Los cananeos viven a lo largo de la costa del mar Mediterráneo y a lo largo del valle del Jordán". Pero Caleb trató de calmar al pueblo que se encontraba ante Moisés.

—¡Vamos enseguida a tomar la tierra! —dijo—. ¡De seguro podemos conquistarla!

Pero los demás hombres que exploraron la tierra con él, no estuvieron de acuerdo:

—¡No podemos ir contra ellos! ¡Son más fuertes que nosotros!

Entonces comenzaron a divulgar entre los israelitas el siguiente mal informe sobre la tierra: "La tierra que atravesamos y exploramos devorará a todo aquel que vaya a vivir allí. ¡Todos los habitantes que vimos son enormes! Hasta había gigantes, los descendientes de Anac. ¡Al lado de ellos nos sentíamos como saltamontes y así nos miraban ellos!".

Números 13:27-33 NTV

Este pasaje de la Escritura nos ofrece un maravilloso ejemplo de cómo nuestros pensamientos nos entorpecen o nos ayudan, dependiendo del nivel de nuestra confianza. Diez de los hombres se veían a sí mismos como saltamontes (incapaces e incapacitados), y las personas a las que tenían que derrotar los veían de la misma manera en que ellos se veían a sí mismos.

Te animo a que examines honestamente lo que sientes por ti mismo. Sé humilde, no orgulloso, pero también ten confianza porque sabes que Dios te ama y está disponible para ayudarte en todo momento. Cuando tengas éxito, da gracias a Dios. Si fracasas, sacúdetelo de encima y pasa a lo siguiente. Podemos aprender de cada error. A menudo digo que nos hacemos fracasar en nuestro camino hacia el éxito.

Te animo a que tengas una buena relación contigo mismo. Disfruta de ti mismo, incluso de las partes de ti que son un poco extravagantes o inusuales. Conoce tus puntos fuertes y dale gracias a Dios por ellos, y conoce tus puntos débiles y pídele a Dios que te ayude con ellos.

Es de vital importancia que te gustes a ti mismo, porque estás contigo mismo todo el tiempo. Dios nunca te ayudará a ser otra persona, pero te ayudará a ser el mejor "tú" que puedas ser. Sé como Josué y Caleb y di: "Yo puedo hacerlo". Cree que has sido creado por Dios, a su imagen (Génesis 1:27), y que todo lo que Él crea es bueno.

Es de vital importancia que te gustes a ti mismo.

EL DIABLO ES UN MENTIROSO

El diablo es nuestro enemigo y es un mentiroso (Juan 8:44). Nos dice que no podemos hacer ciertas cosas cuando Dios quiere que sepamos que sí podemos. ¿Por qué le creeríamos a un mentiroso? Le creemos porque no sabemos que está mintiendo. Tal vez hemos escuchado sus mentiras por tanto tiempo que estamos arraigados en ellas. Jesús es la verdad (Juan 14:6), y es a Él a quien debemos creer. Creer en Jesús significa creer en su Palabra. Me asombra cómo a menudo nos resulta más fácil creer las mentiras del diablo que creer la verdad. Cuando creemos mentiras, somos engañados. Cuando somos engañados, lo que no es verdad nos parece verdad. La mentira se convierte en nuestra realidad.

Creer en Jesús significa creer en su Palabra.

La Biblia, la Palabra de Dios, tiene miles de cosas buenas que decir sobre nosotros. Cuantas más creamos, más poderosos seremos y más probabilidades tendremos de triunfar en la vida. Romanos 12:2 nos enseña a ser transformados renovando nuestras mentes en lugar de conformarnos con las ideologías del mundo. Renovamos nuestras mentes alineando nuestros pensamientos con la Palabra de Dios.

He aquí diez cosas buenas que la Palabra de Dios dice de ti:

- Dios te ama incondicionalmente (1 Juan 4:9-10; Romanos 5:8).
- Dios vive dentro de ti y te capacita para hacer todo lo que necesites hacer (Romanos 8:11; Filipenses 4:13).
- Dios va delante de ti y está contigo. Nunca te dejará ni te abandonará, así que no tienes por qué tener miedo ni desanimarte (Deuteronomio 31:8).
- Has sido creado para ser admirable y maravilloso (Salmo 139:14).
- Tienes la mente de Cristo (1 Corintios 2:16).
- Tú eres la justicia de Dios en Cristo (2 Corintios 5:21).
- Tus pecados te son perdonados (Salmo 103: 10-12).

- Has sido creado a imagen de Dios (Génesis 1:27).
- Eres más que vencedor por Cristo que te ama (Romanos 8:37).
- No hay condenación para los que están en Cristo Jesús (Romanos 8:1).

Te animo encarecidamente a que conozcas las promesas de Dios y te familiarices con las cosas buenas que Él dice sobre ti. El mundo puede decirte que nunca tendrás éxito, pero eso es mentira. Si simplemente crees en las diez verdades bíblicas enumeradas anteriormente, creo que verás cómo tu vida cambia de manera asombrosa.

Considera las instrucciones del apóstol Pablo en Romanos 12:2 (NTV):

No imiten las conductas ni las costumbres de este mundo, más bien dejen que Dios los transforme en personas nuevas al cambiarles la manera de pensar. Entonces aprenderán a conocer la voluntad de Dios para ustedes, la cual es buena, agradable y perfecta.

Para simplificar este pasaje de la Escritura, si queremos experimentar la buena vida que Dios ha dispuesto para nosotros, nuestras mentes deben ser renovadas de acuerdo con su Palabra. Debemos aprender a pensar como Dios piensa. Para hacer esto, necesitaremos aprender su Palabra. Esto nos permitirá reconocer las mentiras del diablo y desecharlas. Fue una gran revelación para mí aprender que muchos de mis pensamientos fueron plantados en mi mente por el diablo, y que no tenía que pensar y meditar en algo solo porque vino a mi mente. Podemos elegir nuestros pensamientos.

Puedes elegir tus propios pensamientos.

Segunda de Corintios 10:4-5 dice:

Las armas con que luchamos no son del mundo, sino que tienen el poder divino para derribar fortalezas. Destruimos argumentos y toda altivez que se levanta contra el conocimiento de Dios, y llevamos cautivo todo pensamiento para que obedezca a Cristo.

Es nuestro trabajo, con la ayuda del Espíritu Santo, poner nuestros pensamientos de acuerdo con la Palabra de Dios y no pensar pasivamente cualquier cosa que se nos ocurra. Al principio, esto puede parecer difícil de hacer, pero cuanto más lo hagas, más fácil te resultará. Aprende a pensar en ti mismo como Dios piensa en ti, y habrás dado el primer paso hacia el éxito.

DIOS TE ENCONTRARÁ DONDE ESTÉS

Dios siempre saldrá a nuestro encuentro allí donde estemos, si se lo pedimos. No tenemos que tratar de llegar a Dios; en su misericordia y gracia, Él viene a nosotros. Leemos en Génesis 21:17 que esto le sucedió a Agar: "Cuando Dios oyó al muchacho sollozar, el ángel de Dios llamó a Agar desde el cielo y le dijo: '¿Qué te pasa, Agar? No temas, pues Dios ha escuchado los sollozos del muchacho *ahí donde está*'" (énfasis mío).

Vemos en esta escritura que Agar y su hijo, Ismael (referido como "el joven"), estaban en problemas. Pero Dios les habló en el desierto donde se encontraban e inmediatamente comenzó a ayudarlos y a orientarlos. Cuando leemos la Biblia, frecuentemente encontramos que cuando el pueblo de Dios estaba en problemas, Él iba a su encuentro donde estuvieran y los ayudaba.

Dios saca milagros de tus errores.

Dios se deleita en tomar nuestros errores y hacer milagros de ellos si se lo pedimos. El General Colin Powell dijo: "No hay secretos para el éxito. Es el resultado de la preparación, el trabajo duro y el aprendizaje del fracaso"[6]. Yo añadiría a esto: "y buscar a Dios en todo lo que hagas, pidiéndole siempre ayuda".

Con demasiada frecuencia, cuando tenemos problemas, suponemos que Dios no nos ayudará porque hemos cometido errores. Pero esta no es una manera bíblica de pensar. Dios sabía todos los errores que cometeríamos antes de que los cometiéramos. Jesús es un Sumo Sacerdote que entiende nuestras debilidades e informidades porque Él "ha sido tentado en todo de la misma manera que nosotros, aunque sin pecado. Así que acerquémonos confiadamente al trono de la gracia para recibir la misericordia y encontrar la gracia que nos ayuden oportunamente" (Hebreos 4:15-16). Nota que debemos acercarnos al trono "confiadamente". Esto significa que nos acercamos a Dios con la confianza de que Él es fiel, y que cuando dice que hará algo, podemos estar seguros de que lo hará. Puede que no lo haga inmediatamente, pero lo hará.

Como he mencionado antes, mi padre abusó sexualmente de mí durante años, desde que era muy pequeña. El abuso que sufrí estuvo definitivamente mal. No debería haberme sucedido a mí, pero el diablo controlaba a mi padre, y como resultado salí lastimada. Sin embargo, Dios tomó esa cosa terrible y la convirtió en mi mensaje, mi ministerio y mi milagro. Él me ha permitido usar lo que Satanás quería dañar para ayudar a muchas otras personas (Génesis 50:20). Nada es demasiado difícil para Dios (Jeremías 32:17). No has cometido tantos errores en el pasado como para no tener éxito en el futuro. Dios te ama incondicionalmente y está esperando a que le pidas ayuda.

Dios está esperando que le pidas ayuda.

Recé muchas veces y le pedí a Dios que me sacara de la situación de abuso en la que crecí, pero no lo hizo. Sin embargo, me ayudó a superarlo, y eso me ha ayudado a convertirme en la persona que soy hoy. Intenté pedir ayuda en varias ocasiones, pero nadie quería intervenir. Se lo conté a mi madre, pero ella tenía miedo de mi padre y del escándalo que se armaría si alguien se enteraba. Se lo conté a mis tíos, y no quisieron involucrarse. Le pedí a mi padre que dejara de hacer lo que hacía y le dije cómo me hacía sentir, y se enfadó tanto que pensé que iba a hacerme daño. Quizá te preguntes, como yo hice durante mucho tiempo, por qué Dios no me liberó antes, pero ya no me lo cuestiono. En lugar de eso, me fijo en lo bueno que ha surgido de ello, y dejo las preguntas sin respuesta con Dios, que es donde deben estar.

Dios es nuestro Redentor, y es el Dios de la justicia. Él arregla las cosas malas. Lo he visto hacer esto en mi vida y en las vidas de miles de otras personas, y Él hará lo mismo por ti.

Dios endereza las cosas equivocadas.

Primera de Corintios 1:27 dice: "Pero Dios escogió lo tonto del mundo para avergonzar a los sabios, y escogió lo débil del mundo para avergonzar a los poderosos". Concluyo de este versículo que Dios escoge a propósito a los candidatos más improbables para los trabajos que Él quiere que hagamos. Al hacerlo, Él muestra su gracia, misericordia y poder para cambiar vidas humanas. Cuando Dios utiliza a alguien como yo o como tú o como muchas otras personas, nos damos cuenta de que la fuente de nuestro éxito no está en nosotros mismos, sino en Dios. Los demás también se dan cuenta.

Cada uno de nosotros tiene un destino, y no hay razón para que no lo cumplamos, a menos que escuchemos y creamos las mentiras del diablo. No podemos usar la debilidad como excusa porque Dios está dispuesto a darnos toda la fuerza que necesitamos. No podemos usar nuestro pasado pecaminoso como excusa porque Dios nos ha perdonado y liberado. Piensa en el apóstol Pablo, anteriormente conocido como Saulo. Antes de su milagrosa transformación, perseguía a los cristianos y los buscaba para meterlos en la cárcel (Hechos 8:3). Pero Jesús se le apareció y le dijo que iba a utilizarlo (Hechos 9:1-6). O qué decir de Pedro, que negó tres veces conocer a Jesús (Lucas 22:54-62) y, sin embargo, se convirtió en uno de los más grandes apóstoles. Estos ejemplos nos muestran que el problema no es cómo nos ve Dios, sino cómo nos vemos a nosotros mismos. Cada uno de nosotros puede tener éxito en todo lo que Dios quiere que hagamos si nos damos cuenta de que no podemos hacerlo solos. Necesitamos la ayuda de Dios en todo momento. Simplemente necesitamos pedirle que nos ayude y ser pacientes mientras Él trabaja en nuestras vidas.

El problema no es cómo te ve Dios, sino cómo te ves tú mismo.

Pasa un rato a solas y haz un inventario de lo que sientes por ti mismo. ¿Cómo te ves a ti mismo? ¿Crees que Dios es más grande que tus fallos y debilidades? Una de las claves del éxito es no rendirse nunca. Dios tiene una vida nueva y maravillosa esperándote, una vida llena de éxito. Todo lo que necesitas hacer es creer esto y luego comenzar a aplicar los principios que aprendes en este libro y en otros, incluyendo la Biblia. ¿Crees que puedes tener éxito con la ayuda de Dios? Si lo crees, puede suceder. Pero si no lo crees, no sucederá.

4

Dios es lo primero

*No busques la oportunidad, busca a Dios,
y entonces la oportunidad te buscará a ti.*

Mark Batterson[7]

He sido cristiana durante mucho tiempo antes de que me enseñaran la importancia de buscar a Dios por Él mismo y no por lo que yo quería que Él hiciera por mí. Lo necesitamos a Él más que a cualquier otra cosa; y finalmente he aprendido que, si lo busco a Él primero, Él me dará todo lo que necesito y muchas cosas que deseo, a menos que no sean parte de su voluntad para mí. Si realmente quieres tener éxito a la manera de Dios, es necesario mantenerlo a Él primero en todas las cosas. El Salmo 37:4 dice: "*Deléitate en el Señor, y él te concederá los deseos de tu corazón*" (énfasis mío).

Mantén a Dios en primer lugar en todas las cosas.

Muchas personas en el mundo parecen tener mucho éxito. Tienen mucho dinero, poseen muchas cosas y tienen poder debido a sus posiciones. Pero yo no los considero exitosos a la manera de Dios. Muchos de ellos rara vez son felices, y se ha descubierto que algunos son deshonestos o carecen de otras virtudes morales. A menudo se atribuyen el mérito de sus logros y se refieren a sí mismos como "hechos a sí mismos". Recuerda siempre que no importa cuánto dinero tengan las personas o lo famosas que sean, si no tienen a Jesús en su vida, en realidad no tienen nada en absoluto.

Cuando las personas tienen éxito a la manera de Dios, saben que su éxito se debe a la gracia y la bondad de Dios en sus vidas, y le dan el crédito que le corresponde. También le agradecen frecuentemente por lo que ha hecho por ellos. Una vida exitosa está llena de agradecimiento y gratitud. Piensa en esto: ¿qué pasaría si te despertaras hoy y todo lo que tuvieras fuera por lo que diste gracias ayer? Siempre debemos recordar y agradecer toda la bondad de Dios en nuestras vidas.

Dios dice a través del profeta Jeremías: "Dos son los pecados que ha cometido mi pueblo: Me han abandonado a mí, fuente de agua viva, y han cavado sus propias cisternas, cisternas rotas que no retienen agua" (Jeremías 2:13). Esto describe perfectamente lo que hacemos cuando nos olvidamos de Dios. Empezamos a intentar hacer nuestro propio camino, pero lo encontramos vacío. Nos echamos la culpa de nuestros problemas al abandonar a Dios (Jeremías 2:17). Quizá uno de los pasajes más tristes de la Biblia sea Jeremías 2:32, cuando

Dios dice: "mi pueblo se ha olvidado de mí por innumerables días" (RVR60).

Dios debe ser la primera persona en la que pensemos por la mañana y la primera con la que hablemos. Desde el Génesis hasta el Apocalipsis, las Escrituras nos instan a buscar a Dios. *Buscar* es una palabra fuerte que significa anhelar, perseguir e ir tras Él con todas nuestras fuerzas. Significa exigir y no estar dispuesto a prescindir de Él. Las personas que buscan a Dios estudian su Palabra y se informan sobre las cosas de Dios. La Biblia nos dice que amemos al Señor con todo nuestro corazón, alma, mente y fuerzas (Marcos 12:30). No nos dice que vayamos a la iglesia una hora a la semana y que no pensemos en Dios hasta el domingo siguiente. Dios quiere participar en todos los aspectos de nuestra vida. Debemos hablar con Él y escucharle todo el tiempo.

Cuando las personas no mantienen a Dios en primer lugar en sus vidas, a menudo carecen de alguna provisión y no disfrutan de la provisión que ya tienen porque se preocupan por perderla. También pueden carecer de paz y gozo, y sentirse deprimidos, desanimados y descontentos. Pueden tener problemas relacionales o de abuso de sustancias. No suelen sentirse bien consigo mismos, por lo que intentan utilizar el dinero, las posesiones, la posición y el poder mundano para obtener el valor que solo Dios puede darles.

En tiempos del Antiguo Testamento, la gente vivía bajo la ley (los requisitos ceremoniales, civiles y morales de Dios). Jesús vino a cumplir la ley, una ley que nosotros nunca podríamos obedecer, pero que Jesús cumplió plenamente en nuestro nombre (Mateo 5:17; 2 Corintios 5:21). A diferencia del sistema de sacrificios del Antiguo Testamento, que proporcionaba un perdón temporal de los pecados, la muerte de Jesús en la cruz se convirtió en el sacrificio final que pagó completamente el precio de todos nuestros pecados. Cuando murió en la cruz, dijo: "Consumado es" (Juan 19:30 RVR60). Creo que se refería a la ley. La ley moral de Dios todavía se aplica bajo el Nuevo Pacto, bajo el cual ahora vivimos en Cristo, pero seguimos su código moral porque sabemos que Él nos ama, nosotros lo amamos, y queremos servirlo y obedecerlo. No lo hacemos para obtener algo de Dios, sino para agradarle porque Él nos ha dado mucho.

No tiene sentido decir que Dios es lo primero en nuestras vidas si anteponemos todo lo demás a Él. Ponlo primero en tu dinero, en tu tiempo y en todas tus decisiones. Esto no es difícil, y no tienes que estar de rodillas orando constantemente sobre lo que debes hacer.

Si realmente quieres la voluntad de Dios, puedes orar y seguir con tu vida, confiando en que Dios te interrumpirá si no vas en la dirección que Él quiere para ti. Mateo 6:33 dice: "busquen primeramente el reino de Dios y su justicia, entonces todas estas cosas les serán añadidas". Y 1 Juan 5:21 nos enseña a guardarnos de los ídolos, lo que significa que debemos evitar diligentemente cualquier cosa que ocupe en nuestro corazón el lugar que pertenece a Dios. Un ídolo no es simplemente una estatua de piedra o madera ante la cual la gente se postra. Cualquier cosa puede ser un ídolo cuando se vuelve más importante en tu vida que Dios. Tu carrera puede convertirse en tu ídolo. Tu casa y su aspecto pueden ser tan importantes para ti que empiecen a desplazar a Dios. Puedes idolatrar a otras personas, como tu novio o novia, tu cónyuge o tus hijos. La tentación y el peligro de no mantener a Dios en primer lugar son constantes. Satanás siempre está tratando de empujarlo fuera de nuestras vidas, y debemos estar decididos a mantenerlo en primer lugar.

Cualquier cosa puede convertirse en un ídolo si llega a ser más importante en tu vida que Dios.

Uno de los inconvenientes del éxito puede ser que estemos tan ocupados que ya no tengamos tiempo para Dios. Satanás incluso usará las cosas que Dios te da para alejarte de Él. Dios me dio el ministerio que tengo, pero hubo un tiempo en que me castigó con razón por pasar la mayor parte de mi tiempo haciendo ministerio y muy poco tiempo con Él. Trabajar para Dios no debe tomar el lugar de pasar tiempo con Él.

Si tu sueño es ser dueño de tu propio negocio, y Dios hace que eso suceda, no caigas en la trampa de pasar todo tu tiempo en tu negocio y solo darle a Dios las sobras, si es que le das algo. Ponlo a Él primero en todo momento, y tendrás éxito más allá de lo que puedas imaginar.

Trabajar para Dios no debe sustituir el pasar tiempo con Él.

Dale a Dios la primera parte de cada día. Puedes hacerlo orando, leyendo la Biblia o absorbiendo su Palabra a través de algunas de las increíbles formas que ofrece la tecnología, como la televisión, la radio, las aplicaciones y los podcasts. Además de leer y estudiar tu Biblia, te recomiendo leer otros buenos libros que te ayudarán a crecer en su amor y comprensión de la Palabra de Dios.

Me doy cuenta de que algunas personas tienen más tiempo que otras, pero sea cual sea la cantidad de tiempo que tengas, dale a Dios la primera parte, y te sorprenderás de cómo cambiarán las cosas en tu vida. Si solo puedes dedicar cinco minutos por la mañana, considera la posibilidad de tomar parte de tu tiempo para comer y dárselo a Dios o pasar tiempo con Él antes de acostarte. Siempre hay una manera de hacer lo que necesitamos si lo deseamos con suficiente fuerza.

Una de las mejores formas de examinar tus prioridades es preguntarte a qué dedicas la mayor parte de tu tiempo libre. Si ves la televisión durante cuatro horas por las tardes, la televisión es una prioridad para ti. Si tienes tanto tiempo para ver la televisión, seguro que puedes encontrar un poco de tiempo para pasarlo con Dios. Al darle a Dios la primera porción de todo, te conviertes en "apto para ser multiplicado", lo que significa que Él tomará lo que le des y te dará más de todo lo demás que necesites.

Dale a Dios la primera parte de todo.

RECONOCE A DIOS

Proverbios 3:5-7 es un maravilloso pasaje de las Escrituras que nos recuerda que debemos incluir a Dios en todo lo que hacemos:

Confía en el Señor de todo corazón y no te apoyes en tu propia inteligencia. Reconócelo en todos tus caminos y él enderezará tus sendas. No seas sabio en tu propia opinión; más bien, teme al Señor y huye del mal.

Como descubrirás en un capítulo posterior, tus pensamientos y tu mente tienen mucho que ver con tu éxito o tu falta de él. Por lo tanto, confiamos en Dios no solo en nuestros corazones, sino también en nuestras mentes. Mi parte favorita de Proverbios 3:5-7 está en el versículo 6, que nos enseña a "reconocer" a Dios en todos nuestros caminos. Esto significa prestarle atención, compartir nuestros planes con Él y hacerle saber que, si no aprueba alguno de ellos, haremos los cambios que Él quiera. Este es el tipo de respeto que debemos mostrar. Significa que no queremos hacer nada que no cuente con la aprobación de Dios. Hablar con Dios y escucharlo a lo largo del día es un hábito maravilloso. Él nos creó para tener comunión con Él. Susurra varias veces al día: "Te amo, Señor. Gracias por todo lo que haces por mí".

"Gracias, Señor, por todo lo que haces por mí".

LA PRESENCIA DE DIOS

Dios dice que nunca nos dejará ni nos abandonará, sino que estará siempre con nosotros (Josué 1:9). Dios nos guiará, pero necesitamos pedírselo (Santiago 4:2). Debemos aprender a buscar a Dios por su presencia, no por sus regalos, es decir, por las bendiciones que puede darnos. Cuando Dios me reveló esto hace muchos años, me cambió la vida. Piénsalo de esta manera: me encanta cuando mis hijos pasan por mi casa solo para verme. También me encanta darles, pero si solo vinieran cuando tengo regalos para ellos, me sentiría utilizada, no amada.

El salmista David escribe:

> Una sola cosa pido al Señor y es lo único que persigo: habitar en la casa del Señor todos los días de mi vida, para contemplar la hermosura del Señor y buscar orientación en su Templo.
>
> Salmo 27:4

Pasar de desear los regalos de Dios a desear su presencia es un signo de madurez espiritual. Dios nunca está a más de un pensamiento de distancia, así que no tienes que tratar de encontrarlo. Él está siempre contigo. Simplemente reconócelo en todas las cosas, y comenzarás a sentirte más cerca de Él. En el Salmo 51:11, David clama a Dios que no le quite su presencia. Rezo para que este sea siempre el clamor de mi corazón y del tuyo. Santiago 4:4-5 dice:

> ¡Oh, gente adúltera! ¿No saben que la amistad con el mundo es enemistad con Dios? Si alguien quiere ser amigo del mundo se vuelve enemigo de Dios. ¿O creen que la Escritura dice en vano

que Dios ama celosamente al espíritu que hizo morar en nosotros?

Son palabras fuertes. Dios está celoso de cualquier cosa o persona que pongamos delante de Él. Él dice que cualquiera que ama al mundo no puede amarlo a Él. Él quiere ser tu primer amor. Hemos sido creados para Dios (Apocalipsis 4:11), y le pertenecemos. Estoy contenta de pertenecerle a Él, ¿y tú?

Oí a alguien decir que "Dios o es Señor de todo, o no es Señor en absoluto". Sabemos que Él es Señor de todo. Jesús nos redimió. Nos compró con su sangre, y ya no nos pertenecemos a nosotros mismos, según 1 Corintios 6:19-20:

*Dios es Señor de todo,
o no es Señor en absoluto.*

¿Acaso no saben que su cuerpo es templo del Espíritu Santo, quien está en ustedes y al que han recibido de parte de Dios? Ustedes no son sus propios dueños; fueron comprados por un precio. Por tanto, glorifiquen con su cuerpo a Dios.

Cristo vive en ti. No puedes estar más cerca de nadie que eso. Piensa en esto a menudo, y te ayudará a ser más consciente de su presencia.

Cristo vive en ti.

BUSCA A DIOS TANTO EN LOS BUENOS COMO EN LOS MALOS TIEMPOS

Es sorprendente lo rápido que podemos encontrar tiempo para orar y buscar a Dios cuando estamos necesitados, pero no parece que tengamos mucho tiempo para Él, si es que tenemos alguno, cuando todo va bien. Dios no está disponible solo para las emergencias. Está disponible para todo, todo el tiempo.

Dios puso a prueba a los israelitas para ver si guardaban sus mandamientos en el desierto (Deuteronomio 8:2). Les advirtió que no se olvidaran de Él cuando tuvieran todo lo que quisieran:

Pero ten cuidado de no olvidar al Señor tu Dios. No dejes de cumplir sus mandamientos, leyes y estatutos que yo te encargo hoy. Y cuando hayas comido y te hayas saciado, cuando hayas edificado casas cómodas y las habites, cuando se hayan multiplicado tus vacas y tus ovejas, y hayan aumentado tu plata y tu oro y sean abundantes tus riquezas, no te vuelvas orgulloso ni olvides al Señor tu Dios, quien te sacó de Egipto, el país donde eras esclavo.

Deuteronomio 8:11-14

En este pasaje, Moisés insta a los israelitas a que, una vez que las cosas mejoren, no olviden de dónde vienen y no olviden a Dios, que les dio sus bendiciones. Creo que a todos nos vendría bien un recordatorio regular de la importancia de mantener a Dios en primer lugar en nuestras vidas.

Jesús dice: "Si ustedes me aman, obedecerán mis mandamientos" (Juan 14:15). La obediencia a menudo requiere sacrificio personal, pero si Dios nos pide que renunciemos a algo, puede que con el tiempo nos demos cuenta de que ese algo no era bueno para nosotros, o puede que Él lo sustituya por otra cosa mucho más maravillosa que aquello a lo que renunciamos. Cuando tenemos a Dios en nuestras vidas, siempre podemos estar satisfechos. Pablo dijo que sabía estar contento cuando tenía abundancia y cuando no la tenía, en tiempos buenos o en tiempos difíciles (Filipenses 4:11-12). Cuando Jesús sufrió su agonía en el huerto de Getsemaní, oró tres veces pidiendo a Dios que le quitara la copa de sufrimiento que se le pedía beber, refiriéndose a la crucifixión (Mateo 26:39, 42, 44). Cada vez, cerró su oración pidiendo que se hiciera la voluntad de Dios por encima de la suya. Jesús no quería ir a la cruz y sufrir como sabía que sufriría, pero quería hacer la voluntad de Dios más que la suya propia. Su voluntad de sacrificio ha bendecido a millones de personas y seguirá haciéndolo.

Cualquier sacrificio que hagamos en obediencia a Dios será recompensado muchas veces. La obediencia a Dios es el camino principal hacia el éxito. Josué 1:8 dice: "Recita siempre el libro de la Ley y medita en él de día y de noche; cumple con cuidado todo lo que en él está escrito. Así prosperarás y tendrás éxito". Resumiré este versículo con esta exhortación para ti: conoce la Palabra, haz la Palabra, prospera y ten éxito.

La obediencia a Dios es el camino principal hacia el éxito.

LOS TIPOS DE OBEDIENCIA MÁS DIFÍCILES

A veces, ser obediente es más difícil que otras veces. Considera estas situaciones en las que la obediencia es especialmente difícil:

- Cuando no tienes sentimientos que apoyen tus decisiones o acciones.
- Cuando no ves signos de progreso o éxito.
- Cuando los resultados parecen retrasarse.

No solo Jesús obedeció a Dios cuando hacerlo era agonizante, dándonos el máximo ejemplo de rendición a Dios. Otros personajes, a lo largo de la Biblia, también se enfrentaron a circunstancias difíciles cuando eligieron obedecerle, y finalmente fueron bendecidos:

- Noé construyó el arca cuando nadie había visto llover (Génesis 6:9-22).

- Ester se acercó al rey sin ser invitada cuando el castigo por hacerlo era la muerte, a menos que él le tendiera el cetro de oro (Ester 4:11; 5:2).
- Eliseo lo dejó todo para seguir a Elías (1 Reyes 19:19-21).
- Abram dejó su casa y su familia y se fue a un lugar desconocido (Génesis 12:1).
- Los discípulos lo dejaron todo para seguir a Jesús (Mateo 19:27-29).
- Abraham se preparó para sacrificar a Isaac (Génesis 22:1-14).

La gente que hace grandes cosas hace grandes sacrificios. ¿Estarías dispuesto a hacer un gran sacrificio para hacer realidad tus sueños? Cuando entré en el ministerio, tuve que dejar mi vida tal y como la conocía. Perdí a la mayoría de mis amigos, porque en aquella época era poco común, y en muchos círculos inaceptable, que las mujeres enseñaran la Biblia o predicaran. Pero si alguna de las personas que me rechazaron todavía está por aquí, creo que puede ver que Dios tenía razón y ellos estaban equivocados. La gente suele temer lo que no entiende o no le es familiar, y aunque el rechazo me dolió, comprendo que les costara entender y aceptar lo que yo hacía.

La gente que hace grandes cosas hace grandes sacrificios.

Cuando crees que Dios está hablando a tu corazón, haciéndote saber que Él va a hacer algo especial en tu vida, normalmente es mejor guardártelo para ti y dejar que la prueba sea el factor convincente. Al cerrar este capítulo, quiero recordarte una vez más que siempre mantengas a Dios en primer lugar en tu vida. Si lo haces, Él se encargará de todo lo demás que se necesita hacer o te mostrará qué hacer y te dará la fuerza para hacerlo.

5

Tus pensamientos y palabras afectan tu éxito

Cambia tus pensamientos y cambiarás tu mundo.
Norman Vincent Peale[8]

Nuestros pensamientos son las semillas de lo que queremos que ocurra en el futuro. Los pensamientos producen palabras, y tanto nuestros pensamientos como nuestras palabras son importantes. Aprender sobre el poder de los pensamientos y las palabras cambió mi vida. ¿Qué sentido tiene pensar y decir algo negativo cuando puedes elegir pensar y decir algo positivo, creativo y lleno de vida? ¿Qué sentido tiene rezar para que Dios te dé éxito en tu nuevo negocio y luego hablar de ello como si nunca fuera a suceder? A veces rezamos para que sucedan cosas buenas y luego hablamos de lo asustados que estamos. Esta no es una receta para el éxito.

Construye una imagen de éxito en tu interior pensando en cosas que te ayuden, no que te obstaculicen. Considérate una persona de éxito. Cree que tendrás éxito. Y pasa tiempo con gente que te anime, no que te desanime. Da prioridad a estar rodeado de gente de éxito.

David oró: "Sean, pues, aceptables ante ti mis palabras y mis meditaciones, oh Señor, mi roca y mi redentor" (Salmo 19:14). Haríamos bien en rezar para que nuestras palabras y meditaciones (pensamientos) sean también agradables a Dios.

Cuando busqué cuántos pensamientos tiene una persona al día, los resultados variaron, pero la respuesta más común fue aproximadamente seis mil. Son muchos pensamientos. Imagina cómo cambiaría tu vida si tuvieras seis mil pensamientos positivos sobre tu futuro en lugar de seis mil negativos. Los pensamientos corren por nuestra mente como un tren a toda velocidad. La mayoría de las veces ni siquiera nos damos cuenta de lo que pensamos, pero podemos cambiarlo. Debemos renovar nuestra mente de acuerdo con la Palabra de Dios. En otras palabras, tenemos que aprender a pensar como Dios piensa. Yo sé que esto es posible, porque antes de aprender cuán poderosos son nuestros pensamientos, probablemente cinco mil novecientos de los míos eran negativos. Cuando me di cuenta de ello y supe que tenía que cambiar, empecé a pensar de forma más optimista.

Cambiar mi forma de pensar me llevó tiempo, esfuerzo y mucha oración y estudio de la Palabra de Dios, pero ahora soy una persona muy positiva. Además, ya no me gusta rodearme de gente negativa que solo habla de sus problemas o de los problemas del mundo. Parte de lo que está mal en nuestro mundo de hoy es que la gente es extremadamente negativa, y las noticias están llenas de historias de todas las cosas malas que suceden. Rara vez oímos o leemos una historia en los medios de comunicación que nos haga sentir bien. Imagínate cuántos pensamientos y palabras negativas salen a la atmósfera en la sociedad actual. No es de extrañar que los problemas del mundo sigan empeorando.

Romanos 4:17 dice que Dios "llama las cosas que no son como si ya existieran". Si tienes un sueño para tu vida, te animo a que te tomes un momento para cerrar los ojos y verlo hecho realidad. Dios nos ha dado imaginación, así que ¿por qué no usarla para cosas buenas? Piensa en tu sueño como si ya se hubiera hecho realidad, y habla de él como si creyeras firmemente que está en camino hacia ti. Cuando empecé a creer que Dios me usaría para enseñar su Palabra por todo el mundo, hice listas de afirmaciones basadas en las Escrituras para confesar en voz alta y listas de cosas en las que pensar y sobre las que rezar. Hice esto durante mucho tiempo antes de ver alguno de mis sueños manifestarse, pero finalmente lo hicieron.

Cierra los ojos y mira cómo se hacen realidad tus sueños.

El poder de Dios puede liberarse y la vida de una persona puede dar un vuelco mediante las palabras adecuadas en el momento oportuno (Proverbios 25:11). En el Antiguo Testamento, Job dice: "¡Cuán fuertes son las palabras de rectitud!". (Job 6: 25 RVA-2015). Creo que las palabras son realmente fuertes. Piensa en el poder de tus palabras. ¿Cuántas veces has hecho feliz a alguien diciendo lo correcto? ¿Y cuántas veces has entristecido a alguien o dañado una relación por decir algo equivocado? Las palabras tienen poder. ¿Están tus pensamientos y palabras de acuerdo con la Palabra de Dios y con lo que crees que Él quiere hacer en tu vida? Si la respuesta es sí, estupendo. Pero si no, puedes comenzar a cambiar eso ahora mismo. Tú puedes elegir en qué quieres pensar. Satanás trabajará duro para poner en tu mente pensamientos que te quiten vida en lugar de pensamientos que te den vida, pero puedes aprender a rechazar los pensamientos negativos y reemplazarlos con pensamientos positivos.

Puedes elegir en qué quieres pensar.

Romanos 12:3 nos recuerda una verdad importante: "Por la gracia que se me ha dado, digo a todos ustedes: Nadie tenga un concepto de sí más alto que el que debe tener, sino más bien piense de sí mismo con moderación, según la medida de fe que Dios le haya dado". Mientras esperamos que nuestros sueños y metas se conviertan en realidades, debemos decirle al Señor que sabemos que solo pueden suceder si Él hace que sucedan, y que sabemos que no somos nada sin Él.

EL TIEMPO DE ESPERA

Jesús dice en Marcos 11:24: "Por eso les digo: Crean que ya han recibido todo lo que estén pidiendo en oración y lo obtendrán". No nos dice cuánto tiempo tendremos que esperar. Tal vez te preguntes cómo puedes creer que has recibido algo si aún no puedes verlo ni tocarlo. Aquí es donde entra en juego la fe. La fe es la evidencia de las cosas que no vemos, la prueba de su realidad (Hebreos 11:1). Cuando pedimos a Dios algo de acuerdo con su voluntad, nuestra fe se convierte en un título de propiedad. Yo podría enseñarte el título de propiedad de mi casa, y tú sin duda creerías que poseo

EL CAMINO AL ÉXITO 89

una casa, aunque no puedas verla. La fe funciona de la misma manera.

Esperar con miedo y preocupación te hará miserable y te impedirá ver lo que estás esperando. Mantenerse firme en la fe es la clave para poseer lo que pides. La fe tiene sus propios pensamientos y su propio lenguaje. Mientras esperamos la respuesta a nuestras oraciones o la realización de nuestros sueños, nuestra fe se pone a prueba. Durante este período de espera, es importante pensar y hablar palabras que ejerciten la fe, no el miedo, la preocupación, la duda o la incredulidad. Incluso cuando no veas que algo está sucediendo, di: "Dios está trabajando. Mi avance está en camino" o "Algo bueno me va a suceder hoy".

Nuestra fe se pone a prueba mientras esperamos la respuesta a nuestras oraciones.

Pablo escribe sobre sí mismo: "He peleado la buena batalla, he terminado la carrera, me he mantenido en la fe" (2 Timoteo 4:7). Quiero poder decir estas palabras sobre mí misma, y espero que tú también. A veces tenemos que luchar para aferrarnos a nuestra fe. Luchamos contra la duda, los pensamientos negativos, la tentación de rendirnos y muchas otras cosas. Cuando los pensamientos impíos bombardean mi mente, encuentro que hablar la Palabra de Dios en voz alta es la mejor manera de deshacerme de ellos.

Cuando el diablo te diga que nada cambiará y que no obtendrás lo que pides, respóndele con una escritura, como hizo Jesús cuando estuvo en el desierto durante cuarenta días mientras el diablo lo tentaba y le mentía. Cada vez que el diablo mentía, Jesús respondía: "Escrito está" o "Está dicho", y citaba una escritura para refutar la mentira (Lucas 4:4, 8, 12).

Pelea la buena batalla de la fe. No te quedes de brazos cruzados y dejes que el diablo gane. Según Romanos 8:37, eres más que vencedor por medio de Cristo, lo que significa que Dios ya te ha dado la victoria sobre el enemigo.

Las personas que creen que pueden hacer lo que nunca se ha hecho antes son las que lo hacen. Los únicos límites que tienes son los que te pones a ti mismo, a menos que intentes hacer algo que no sea la voluntad de Dios para ti.

Cree en que puedes hacer lo que nunca se ha hecho antes.

Dios nunca tiene prisa. Rara vez las grandes cosas suceden deprisa. Si lo hacen, muchas de ellas se desmoronan. Debemos tener cimientos fuertes antes de construir una casa (Mateo 7:24), porque, aunque los cimientos no son emocionantes, son cruciales si queremos construir algo que perdure. Quien quiere tener éxito no puede tener prisa, porque Dios nos hace crecer gradualmente y nos promueve poco a poco.

No puedes tener prisa si quieres tener éxito.

Durante los años que estuve esperando ver crecimiento y progresar en mi ministerio, mi fe fue puesta a prueba una y otra vez. Pero mi testimonio es "sigo aquí, y tengo lo que pedí y esperé". Yo tengo un testimonio de victoria, no de fracaso, y tú también lo tendrás si decides que nunca renunciarás al sueño que Dios te ha dado.

LA MENTE DEL ESPÍRITU

Romanos 8:5-6 dice: "Los que viven conforme a la carne fijan la mente en los deseos de la carne; en cambio, los que viven conforme al Espíritu fijan la mente en los deseos del Espíritu. La mente gobernada por la carne es muerte, mientras que la mente que proviene del Espíritu es vida y paz".

Si pierdes la paz o la alegría, examina en qué has estado pensando y probablemente encontrarás el origen de tu problema. Lo más probable es que tus pensamientos te hayan llevado a sentirte perturbado, intranquilo o triste. Estabas pensando con la mente de la carne en lugar de la mente del Espíritu. Si realmente quieres tener éxito, piensa de acuerdo con lo que quieres, no de acuerdo con lo que tienes. Donde va nuestra mente, nosotros la seguimos. Así que, si quieres éxito, piensa en el éxito. Si piensas pensamientos de éxito, hablarás palabras de éxito, y esto construirá una imagen de éxito en tu corazón.

Piensa en lo que quieres, no en lo que tienes.

Muchas de las cosas que Dios nos pide hacer no tienen sentido para nuestras mentes naturales, aparte de la influencia y la guía del Espíritu Santo. Romanos 8:7 dice: "La mente gobernada por la carne es enemiga de Dios, pues no se somete a la Ley de Dios ni es capaz de hacerlo". Ya he mencionado el poco sentido que tenía para mí estar en el ministerio desde una perspectiva natural, pero el Espíritu Santo da sentido a cosas que nos parecen sin sentido. Él nos capacita para hacer cosas que nunca podríamos hacer sin Él. Tal vez tú tienes un sueño que te parece demasiado grande para ti. Eso no significa que sea demasiado grande para Dios. Recuerda que para Él todo es posible (Mateo 19:26).

CONSEJOS DE PERSONAS QUE HAN TRIUNFADO

A lo largo de la historia, muchas personas han alcanzado el éxito, algunas de ellas contra todo pronóstico. Yo he elegido algunos consejos que creo que te ayudarán en tu empeño por alcanzar el éxito.

1. Sueña en grande.

Prefiero soñar en grande y conseguir parte de lo que espero que soñar en pequeño y conseguirlo todo.

Es mejor soñar en grande y conseguir parte de lo que quieres que soñar en pequeño y conseguirlo todo.

Miguel Ángel dijo: "El mayor peligro para la mayoría de nosotros no está en fijarnos un objetivo demasiado alto y quedarnos cortos, sino en fijarnos un objetivo demasiado corto y alcanzarlo".[9]

2. Sé positivo.

Thomas Jefferson declaró: "Nada puede impedir que el hombre con la actitud mental correcta logre su objetivo; nada en la tierra puede ayudar al hombre con la actitud mental equivocada".[10]

3. Trabaja duro.

J. C. Penney, fundador de los grandes almacenes JCPenney, dijo: "A menos que estés dispuesto a sumergirte en tu trabajo más allá de la capacidad del hombre medio, no estás hecho para ocupar puestos de responsabilidad".[11]

4. Convierte el fracaso en un nuevo comienzo.

El estadista romano Séneca dijo: "Todo nuevo comienzo proviene del final de otro comienzo".[12]

5. Aprende a llevarte bien con los demás.

Según el expresidente estadounidense Theodore Roosevelt, "el ingrediente más importante en la fórmula del éxito es saber llevarse bien con la gente".[13]

CADA PROBLEMA TIENE UNA RESPUESTA

¿Los problemas te impiden alcanzar el éxito? No tienen por qué. Si tú también crees esto, los problemas no obstaculizarán tu progreso. Creo firmemente que todo problema tiene una respuesta. Puedes empezar a resolver los problemas a los que te enfrentas si empiezas a pensar y a hablar de ellos de forma diferente.

La Palabra de Dios tiene una respuesta para cada problema.

No tiene sentido creer que se puede tener éxito sin ser un solucionador de problemas. Creo que la Palabra de Dios contiene una respuesta a cada problema que podamos enfrentar, si no una respuesta exacta, al menos un principio o verdad que nos conducirá a las respuestas que necesitamos. El Espíritu Santo es nuestro ayudante, y si acudimos a Él para que nos ayude a resolver nuestros problemas, lo hará. Vive en cada creyente, así que confía en Él para que te guíe en la dirección correcta cuando necesites sabiduría.

Puedo decir sin lugar a duda que el Espíritu Santo nunca ha dejado de darme la ayuda que necesito cuando la necesito. Puede que no llegue hasta el último momento, pero Él es fiel.

Cuando comencé mi primer estudio bíblico en la iglesia a la que asistía, necesitábamos espacio para tener una guardería. La iglesia alquilaba espacio para los servicios del domingo y entre semana, pero el ministerio de mujeres no tenía dinero para cubrir el coste de una guardería durante el estudio bíblico. Oramos pidiéndole a Dios que nos revelara dónde podíamos atender a los niños, y Él nos mostró una casa móvil en desuso en la propiedad de la iglesia. Nos vino muy bien. Lo asombroso es que estuvo frente a nosotros todo el tiempo. Simplemente no pensábamos que fuera el lugar adecuado para una guardería. Teníamos un problema, y Dios tenía una respuesta.

El Espíritu Santo nunca ha dejado de darme la ayuda que necesito.

Unos diez años después, Dave y yo necesitábamos un edificio para nuestro ministerio. Habíamos buscado y buscado sin encontrar nada. Un día, en nuestro trayecto diario a la oficina que teníamos alquilada, vimos una carretera que conducía a una propiedad de cincuenta y cinco acres con un pequeño cartel de "se vende". Nunca se nos había ocurrido acercarnos a ver qué había allí. Cuando la vimos nos dimos cuenta de que se adaptaría perfectamente a nuestras necesidades y la compramos por un precio razonable. Los edificios de nuestro ministerio siguen estando en esta propiedad. Creo que Dios a menudo nos oculta cosas hasta que llega el momento oportuno para revelárnoslas.

Durante cuarenta y cinco años de ministerio, nos hemos enfrentado a muchos problemas, pero nunca nos hemos quedado sin respuesta. Si tienes un problema gritándote ahora mismo, recuerda que Dios es fiel y tiene la respuesta adecuada para ti.

Creo que es difícil sobrestimar el impacto de los pensamientos y las palabras en el éxito. Piensa en las personas que consideras exitosas. Estoy segura de que no piensan ni hablan negativamente, porque eso obstaculizaría su éxito. Independientemente de dónde te encuentres en el camino hacia el éxito, asegúrate de que tus pensamientos y palabras sean positivos. Esto te ayudará a alcanzar el éxito que deseas.

6

Establecer prioridades

*La mayoría de nosotros dedicamos demasiado tiempo
a lo urgente y poco a lo importante.*
Stephen R. Covey[14]

Stephen R. Covey escribió el popular libro *Los 7 hábitos de la gente altamente efectiva*. Creo que todos queremos ser eficaces y tener éxito, pero para ello debemos ser capaces de establecer prioridades. Hay cuatro niveles de prioridades: urgente, alto, medio y bajo. Una forma de empezar a establecer tus prioridades es hacer una lista de cada una de ellas y, a continuación, ponerlas en la categoría a la que pertenecen. De este modo, podrás verlas.

Una prioridad es algo que es más importante que otras cosas que también pueden ser importantes. Todos tenemos prioridades, pero algunas personas no saben cuáles poner en primer lugar, en segundo, en tercero, etcétera. Ya hemos establecido que, si queremos tener una vida exitosa, Dios debe ser nuestra primera prioridad. Para mí, esto no es algo que tenga que pensar; es un hábito arraigado. Lo primero que hago cada mañana después de levantarme y prepararme el café es ir al lugar donde paso mi tiempo con Dios. Puede que tengas que organizar tu vida de forma distinta a la mía, pero sea como sea que ordenes tu día, Dios debe ser una prioridad.

Una prioridad es algo más importante que otras cosas que también lo son.

Hay muchas opiniones sobre cuáles deberían ser las prioridades de la gente, pero yo te diré las mías. Dios es lo primero, seguido de mi familia, luego cuidar de mí misma y después mi ministerio. Además de esas cuatro, regularmente surgen otras situaciones que requieren mi atención. A medida que surgen, también les doy la prioridad adecuada. En mi ministerio, mi primera prioridad es la oración y luego el estudio de la Biblia. Después, doy prioridad a la televisión, a la preparación de conferencias y a escribir libros.

NO PROCRASTINES

Recomiendo encarecidamente no dejar las cosas importantes para el último momento. Si lo haces, es casi seguro que acabarás estresado. Yo siempre voy por delante escribiendo mis libros y preparando los mensajes que enseño. Miro mi calendario y veo lo que está por venir en las próximas semanas de manera que pueda programar el tiempo necesario para completar cada tarea, normalmente con dos semanas de antelación. Esto me permite sentirme relajada cuando se acerca el momento de hacer realmente lo que me he preparado para hacer.

Cuando escribo libros, lo hago con una antelación de entre seis meses y un año, porque los libros son proyectos de gran envergadura. Así tengo tiempo de sobra para revisarlos y hacer los cambios que creo que los harán mejores.

He leído en muchos sitios que la procrastinación es un importante factor de estrés. Cuando sabemos que tenemos que hacer cosas y seguimos posponiéndolas, cada día que las retrasamos nos pesan más. Aconsejo a la gente que haga primero las cosas difíciles. Si hay algo que te da pavor hacer, hazlo y acaba de una vez.

Haz primero los trabajos difíciles.

¿Qué necesitas cambiar en tu vida? Si has estado haciendo algo mal, nunca es tarde para hacerlo bien. Tampoco pierdas el tiempo sintiéndote culpable por el tiempo que ya has perdido. Eso solo hará que pierdas más tiempo aún.

Tuve las prioridades equivocadas durante mucho tiempo antes de darme cuenta de que era un error. Durante muchos años, di prioridad a mi ministerio. Es interesante observar que, durante esos años, el progreso hacia la consecución de mis objetivos fue muy lento. Si pudiera volver atrás y hablar con mi yo de treinta y cinco años, le diría que el éxito profesional nunca debe ser la máxima prioridad de una persona. Por aquel entonces, pensaba que muchas cosas eran importantes, y ahora sé que no lo son tanto como otras. De hecho, algunas no lo son en absoluto. Voy a compartir contigo solo dos de ellas.

El éxito profesional nunca debe ser tu primera prioridad.

En primer lugar, le diría a mi yo de treinta y cinco años que preocuparse demasiado por lo que la gente piensa de ti es un gran error. Si lo que la gente piensa de ti es una prioridad para ti, no debería serlo. Los pensamientos de los demás no pueden hacerte daño, y esas personas no están pensando en ti tanto como te imaginas. Cuando empezamos a tomar nuestras decisiones basándonos en lo que pensamos que los demás quieren que hagamos, estamos en una pendiente resbaladiza que no nos llevará a buen puerto. El filósofo griego Aristóteles dijo: "Solo hay una forma de evitar las críticas: no hacer nada, no decir nada y no ser nada".

La única manera de evitar las críticas es no hacer nada, no decir nada y no ser nada.

No quiero ni pensar cuánto tiempo he perdido preocupándome por lo que los demás piensan o dicen de mí. Muchas veces en el pasado, dejé que los problemas urgentes, las necesidades y los deseos de otras personas tuvieran prioridad sobre mis responsabilidades ministeriales. Acabé sintiéndome apurada, sin dormir lo suficiente y, a veces, cambiando "excelente" por "bueno" simplemente para terminar un trabajo. No fue hasta que tuve unos cincuenta años cuando finalmente eliminé de mi lista de prioridades la preocupación por las opiniones de los demás. No saber decir "no" afectó negativamente a mi salud, y aunque tardé unos años en darle la vuelta a la situación, creo que ahora puedo decir "sigo al Espíritu Santo, no a la gente".

Elimina las prioridades inútiles cuestionando tus motivos para hacerlas.

También le diría a mi yo de treinta y cinco años que tuviera motivos puros en todas las cosas. Nada nos ayuda a eliminar las prioridades inútiles como preguntarnos honestamente nuestro verdadero motivo para hacerlas. Solo recibimos recompensa de Dios por lo que hacemos con motivos puros. Hoy tuve una situación que manejé de manera diferente a como lo hubiera hecho cuando tenía treinta y cinco años. Me pidieron que hablara en un evento y dije que sí. Más tarde, los organizadores me llamaron y me pidieron que llegara un día antes y que hiciera otras cosas. En el fondo, no quería hacerlo, porque ir un día antes habría supuesto pasar la noche allí, en lugar de poder ir y volver un sábado. Como no era un buen momento y pasar la noche exigía hacer las maletas, deshacerlas y ocuparse de más detalles relacionados con el viaje, me lo pensé mejor y decidí decir que no. Con treinta y cinco años, no habría querido ir un día antes, pero habría sentido que "debía". Habría temido herir los sentimientos de los anfitriones. Pero he aprendido que, si voy a hacer lo que Dios me ha encomendado y a mantenerme sana, cuando Él dice que no, yo también debo decir que no. Ahora tengo más de treinta y cinco años, y he aprendido mucho.

LA IMPORTANCIA DE LA FAMILIA

La familia ocupa el segundo lugar en mi lista de prioridades. Si miramos cómo va el mundo, vemos claramente que la familia no es una prioridad para mucha gente hoy en día. Dave y yo pasamos tiempo juntos todos los días. Además, paso mucho tiempo con mis hijos y nietos, y veo o hablo con tres de mis cuatro hijos todos los días. Uno de ellos vive fuera de la ciudad, y hablo con él varias veces a la semana y le veo al menos una vez al mes.

Si tienes hijos, sabrás que quieren tu tiempo más que tu dinero. Sí, nuestros hijos quieren que les demos dinero, pero si les damos dinero y cosas para intentar compensar el hecho de no pasar tiempo con ellos, pagaremos la pena más adelante en la vida cuando no tengamos una verdadera relación con ellos.

Conozco a un pastor que, cuando era joven, no solo pastoreaba una iglesia, sino que viajaba con frecuencia por Estados Unidos y el extranjero. Me dijo que, a pesar de su apretada agenda, nunca se perdía un partido de béisbol en el que jugasen sus dos hijos. Ahora tiene una relación fenomenal con ellos, y ambos pastorean iglesias increíbles. Dijo que había veces en que tenía que volar toda la noche para llegar a casa para uno de sus juegos, pero siempre quiso que supieran que eran más importantes para él que su ministerio. Si pudieras oírme ahora mismo, me oirías aplaudirle y felicitarle.

Podría haber hecho un mejor trabajo como madre cuando mis hijos eran pequeños. Afortunadamente, cambié las cosas a tiempo y ahora Dave y yo mantenemos buenas relaciones con nuestros hijos ya adultos.

Dave y yo hemos invertido mucho tiempo y esfuerzo en mantener fuerte nuestro matrimonio, y me enorgullece decir que llevamos casados cincuenta y siete años, mientras escribo este libro. Ninguna buena relación se mantiene así por accidente. Debemos esforzarnos por mantener o fortalecer nuestras relaciones. Las relaciones implican, entre otras cosas, pasar tiempo juntos y compartir.

Ninguna buena relación lo es por accidente.

Se puede ser amigo de todo el mundo, pero no se puede ser un gran amigo de todo el mundo. He leído que los seres humanos solo somos capaces de tener cinco amistades realmente buenas a la vez[15]. Elige a las cinco personas que realmente quieres en tu vida, y prepárate para invertir en ellas. Debemos querer a todo el mundo, pero no podemos dedicarles a todos el tiempo suficiente como para llamarlos "mejores amigos".

Si no te esfuerzas por tener buenas relaciones ahora, cuando seas mayor y hayas alcanzado el éxito profesional que es tan importante para ti, puedes encontrarte solo. Una carrera no puede darte un abrazo cuando lo necesitas; no puede consolarte cuando estás triste; ni siquiera puede sonreírte. Una carrera exitosa es la voluntad de Dios para muchas personas, a menos que signifique perder todo lo demás que es realmente importante.

Una carrera no puede darte un abrazo cuando lo necesitas.

Muchas personas supuestamente exitosas han muerto por suicidio, aparentemente porque sus notables logros no les daban ninguna alegría. Pienso en Ernest Hemingway, Robin Williams y Anthony Bourdain, por mencionar algunos que probablemente conozcas. Algunos de ellos sufrieron depresión, lo que contribuyó a su muerte. Vincent van Gogh se suicidó sin darse cuenta de que más tarde sería considerado uno de los mejores artistas de la historia.

Algunas personas no se dan cuenta de lo importantes o talentosas que son porque escuchan las mentiras del diablo. Se convencen de que no valen nada y concluyen que sin valor ni propósito no tienen razón para vivir.

CUÍDATE

Yo me considero la tercera prioridad de mi lista, y permítanme decir alto y claro que esto no está mal ni es egoísta. Si no cuidas de ti mismo, al final no tendrás nada que dar a los demás. Trabajé demasiado duro durante los primeros años, cuando mi ministerio crecía rápidamente, y al final lo pagué con mi salud. Ojalá hubiera tenido un mentor que me dijera lo que estoy compartiendo con ustedes ahora, pero la mayoría de las personas que conocí en el ministerio vivían de la misma manera que yo. Trabajaban, trabajaban y trabajaban, y se quejaban de todo el trabajo que tenían que hacer. Sí, tendremos que trabajar duro para tener éxito, pero también necesitamos vivir vidas equilibradas.

---

*Si no te cuidas,
no tendrás nada que dar a los demás.*

Recuerdo haber recibido a un orador invitado en nuestra iglesia cuando aún soñaba con el éxito. Dijo: "No me he tomado un día libre en doce años". Recuerdo que pensé: "Debe ser muy espiritual". Ahora sé que no estaba usando la sabiduría en lo que respecta a su salud.

Tenemos que trabajar duro, pero tendremos mejor salud en general si equilibramos el trabajo duro con períodos adecuados de adoración, descanso y juego.

Una forma de cuidarme es hacer ejercicio con un entrenador tres días a la semana. Viene a mi casa, lo que me evita tener que desplazarme en coche hasta el gimnasio. Quizá tú no puedas hacerlo, pero puedes hacer algo para hacer algo de ejercicio. Otra forma de cuidarme es hacer estiramientos dos veces al mes, lo que significa que acudo a un profesional del ejercicio que sabe cómo estirar los músculos de las personas para ayudarlas a mantenerse flexibles y fuertes. A medida que envejezco, esto me mantiene flexible. También duermo ocho horas el noventa por ciento de las veces. Cuando no lo hago, es porque estoy viajando y dando conferencias. Además, intento comer sano. Aunque de vez en cuando me apetece un postre, no como mucho azúcar. También bebo mucha agua, porque mantenerse hidratado es muy importante para gozar de buena salud.

También me cuido la piel, los dientes y el pelo. Como salgo en la televisión, es especialmente importante para mí dar un buen ejemplo. Por último, incluyo en mi agenda actividades que me gustan, como leer un buen libro de ficción, ver una buena película, ir de compras de vez en cuando y jugar a un juego de cartas llamado Fase 10 con nuestra hija y nuestro yerno.

Cuidarse de joven merece la pena de mayor. Dave lleva sesenta y cinco años haciendo pesas cada dos días, y tiene un aspecto increíble. Todavía lleva la misma talla de ropa que llevaba cuando nos casamos. Se siente bien y tiene mucha energía. Dave siempre se ha tomado tiempo para descansar, divertirse, hacer ejercicio, beber mucha agua y dormir bien. Son cosas muy sencillas, pero mucha gente no las hace.

Mientras te esfuerzas por alcanzar tus objetivos en la vida, es importante hacer cosas que te gusten. No tienen por qué ser caras ni llevar mucho tiempo. Una taza de café con un amigo o un paseo por el barrio pueden ser agradables y refrescantes.

TU ÉXITO

Quiero repetir que, para tener éxito, debes saber cuáles son tus prioridades. Pablo nos enseña a concentrar la atención (Colosenses 3:2). Escribió estas palabras en el contexto de pensar en las cosas del cielo en lugar de las cosas de la tierra, pero son buenas palabras para recordar también en el contexto de las prioridades. Necesitamos determinar cuáles son nuestras prioridades y mantener nuestra mente en ellas. ¿Cuáles son las prioridades de tu vida? ¿Qué quieres lograr con el tiempo, los dones y los talentos que Dios te ha dado? Para alcanzar tu objetivo principal, también debes ser capaz de priorizar tus días. Por ejemplo, ¿en qué es más importante que te centres hoy? Ten en cuenta que tus prioridades pueden cambiar de un día para otro en función de tus objetivos a corto y largo plazo. Puede que necesites hacer una cosa hoy y otra mañana.

Una persona de éxito será capaz de elegir lo que hay que hacer ahora y lo que puede esperar hasta más tarde. No tendrás éxito estableciendo prioridades si no te tomas tiempo para hacerlo. Si me preguntas qué voy a hacer la semana que viene, te lo puedo decir porque tengo un plan. Pero mucha gente ni siquiera sabe a las dos de la tarde lo que va a hacer ese mismo día.

A la hora de determinar cómo debes programar tu tiempo, no te centres en las cosas sin importancia. Otra forma de decir esto es mantener lo principal como lo más importante. Los perfeccionistas y las personas extremadamente detallistas a veces tienen problemas con esto. Pueden verse atrapados fácilmente haciendo algo que no es importante a expensas de algo que sí lo es.

Los perfeccionistas suelen llegar tarde a sus citas o compromisos porque quieren que su casa tenga un aspecto impecable antes de irse. O puede que pasen demasiado tiempo intentando arreglar un pequeño defecto que nadie más notaría. Entonces acaban presionándose a sí mismos y a quienes dependen de ellos.

Incluso pueden arruinar la agenda de otra persona porque no saben cómo priorizar la suya. La conclusión es que nadie es perfecto en todo, y si intentas ser genial en todo, es probable que acabes no siendo bueno en nada. El Espíritu Santo te ayudará a priorizar cada día si escuchas su guía. A veces es solo un susurro o un conocimiento en tu corazón, pero Él te guiará si tú lo sigues. Él es el Ayudante definitivo para enseñarte a establecer tus prioridades y apegarte a ellas.

El Espíritu Santo te ayudará a priorizar tu vida si le escuchas.

7

Aprender a ser fiel

*El éxito a los ojos de Dios
es la fidelidad a su llamado.*
Billy Graham[16]

El Libro de los Proverbios nos enseña la prudencia, es decir, la buena gestión de nuestros recursos. ¿Cuántas personas crees que nunca tienen éxito porque no administran sabiamente lo que tienen? Por ejemplo, nadie prosperará económicamente si gasta inmediatamente todo el dinero que gana sin ahorrar para el futuro o para las cosas que quiere comprar sin pagar intereses. Lo mismo ocurre con tu tiempo, tus pensamientos y tus palabras. Si no puedes gestionarlas bien, lo más probable es que no tengas éxito.

Si quieres saber lo que se necesita para tener éxito, lee y estudia Proverbios y sigue sus principios. Un buen recurso para ello es mi libro *In Search of Wisdom: Life-Changing Truths in the Book of Proverbs*. Te guía, capítulo a capítulo, a través de la increíble sabiduría que se encuentra en Proverbios.

Dios nos da recursos según nuestra capacidad para manejarlos.

Dios nos da a cada uno recursos de acuerdo con nuestra capacidad para manejarlos, y Él vigila para ver

EL CAMINO AL ÉXITO

cómo los gestionaremos. Nuestros "ascensos" en la vida se basan en lo bien que lo hacemos. Es como ir a la escuela. Pasamos de curso y aprendemos lo que nos enseñan, pero tenemos que aprobar los exámenes antes de pasar al curso siguiente. La gente pasa por este proceso desde el parvulario hasta el instituto, la universidad y más allá. Del mismo modo, en el trabajo, las personas ascienden porque demuestran que saben, que son fieles a su puesto actual y que pueden asumir mayores responsabilidades.

Cuando yo era niña, el mundo era muy diferente al de hoy. La gente esperaba trabajar duro para merecer lo que ganaba o recibía. Hoy muchos creen que tienen derecho a las cosas sin tener que esforzarse para ganarlas o merecerlas.

La parábola de las bolsas de oro dadas a tres siervos es un gran ejemplo de ello:

> El reino de los cielos será también como un hombre que, al emprender un viaje, llamó a sus siervos y les encargó sus bienes. A uno le dio cinco mil monedas; a otro, dos mil y a otro, mil. Dio a cada uno según su capacidad. Luego se fue de viaje. El que había recibido las cinco mil fue

enseguida y negoció con ellas y ganó otras cinco mil. Así mismo, el que recibió dos mil ganó otras dos mil. Pero el que había recibido mil fue, cavó un hoyo en la tierra y escondió el dinero de su señor. Después de mucho tiempo, volvió el señor de aquellos siervos y arregló cuentas con ellos. El que había recibido las cinco mil monedas llegó con las otras cinco mil. "Señor —dijo—, usted me encargó cinco mil monedas. Mire, he ganado otras cinco mil". Su señor respondió: "¡Hiciste bien, siervo bueno y fiel! En lo poco has sido fiel; te pondré a cargo de mucho más. ¡Ven a compartir la felicidad de tu señor!". Llegó también el que recibió dos mil monedas. "Señor —informó—, usted me encargó dos mil monedas. Mire, he ganado otras dos mil". Su señor respondió: "¡Hiciste bien, siervo bueno y fiel! En lo poco has sido fiel; te pondré a cargo de mucho más. ¡Ven a compartir la felicidad de tu señor!". Después llegó el que había recibido mil monedas. "Señor —explicó—, yo sabía que usted es un hombre duro, que cosecha donde no ha sembrado y recoge donde no ha esparcido. Así que tuve miedo y fui y escondí su dinero en la tierra. Mire, aquí tiene lo que es suyo". Pero su señor respondió: "¡Siervo malo y perezoso! ¿Así que sabías que cosecho donde no he sembrado y recojo donde no he esparcido? Pues debías haber depositado mi dinero en el banco, para que a mi regreso lo hubiera recibido con intereses". Después ordenó: "Quítenle las mil monedas y dénselas al que tiene las diez mil. Porque a todo el que tiene se le dará más y tendrá en abundancia. Al que no tiene hasta lo que tiene se le quitará. Y a ese siervo inútil échenlo afuera, a la oscuridad, donde habrá llanto y crujir de dientes".

Mateo 25:14-30

Esta es una de las mejores parábolas de la Biblia sobre cómo triunfar. A medida que tomas lo que Dios te da y haces lo más que puedes con ello, te preparas para el ascenso al siguiente nivel. Dios nos inicia con cosas pequeñas, como el primer estudio bíblico que enseñé. Luego Él nos observa para ver si seremos fieles, si trabajaremos duro para que sea un éxito y si obedeceremos sus instrucciones a lo largo del camino. Si lo hacemos bien con las cosas aparentemente pequeñas, la siguiente cosa será más grande.

Puedo ver este patrón claramente mirando hacia atrás en el progreso de mi ministerio. Como se lee en el capítulo 2, empecé con un estudio bíblico en casa. Primero, enseñé a un grupo de doce personas, luego el grupo creció a entre veinte y veinticinco personas cada martes por la noche. Lo hice durante dos años antes de que me pidieran que hiciera un segundo estudio bíblico los jueves por la tarde. Para mí, enseñar dos estudios bíblicos en lugar de uno era un ascenso. Durante esos años no recibí salario ni ofrendas; aprendí a depender de Dios para todo lo que nuestra familia necesitaba. Aquellos años también demostraron que mi motivo para enseñar no era ganar dinero, sino servir a Dios.

Solo dejé de impartir los estudios bíblicos semanales cuando me sentí impulsada a hacerlo. Estaba segura de que la próxima oportunidad sería grande y llegaría rápido. Pero durante todo un año no hice *nada* en el ministerio —bueno, nada salvo aferrarme al sueño que Dios me había dado. Mirando hacia atrás, me doy cuenta de que Dios estaba haciendo mucho *en* mí, pero no *a través* de mí. A menudo, debemos estar *preparados* para el siguiente nivel antes de que podamos *ascender* a él. Una de las principales lecciones que Dios me enseñó durante ese año fue a ser yo misma y a no sentir que tenía que hacerlo todo como los demás. Fue un año duro para mí, y fue difícil no renunciar a mi sueño de enseñar la Biblia por todo el mundo. Me preguntaba si había cometido un error al dejar los estudios bíblicos semanales. A menudo me sentía desanimada, pero no podía rendirme. En mi corazón, seguía creyendo que Dios me abriría la puerta adecuada en el momento oportuno.

Hay que estar preparado antes de poder ascender.

Después de ese año, los líderes de mi iglesia me invitaron a enseñar el estudio bíblico semanal para mujeres, y lo hice durante cinco años. Estuve a punto de rechazar la oportunidad porque nunca me sentí llamada a enseñar a mujeres exclusivamente. Pero como no hacía otra cosa, pensé que lo mejor era aceptar la oferta que tenía delante.

La primera semana de ese estudio bíblico, se presentaron ciento diez mujeres. Nuestra iglesia solo tenía unas cincuenta personas, así que ¿de dónde salieron? Solo puedo suponer que Dios corrió la voz porque era el momento de mi próximo ascenso. Enseñé en esa reunión semanal durante cinco años. Mientras tanto, me ordenaron en el ministerio, me invitaron a formar parte del personal de la iglesia como pastora asociada, enseñaba en el instituto bíblico de la iglesia tres veces por semana y predicaba mucho cuando el pastor viajaba.

Todo esto supuso un *gran* ascenso para mí. Al cabo de cinco años, unas cuatrocientas cincuenta mujeres asistían a la reunión semanal y yo participaba en un programa de radio de quince minutos. Esa temporada de cinco anos fue un tiempo de mucho crecimiento y muchas oportunidades para mí, y todo servía como preparación para el siguiente lugar al que Dios quería llevarme.

Puede que te sientas inactivo o ignorado durante mucho tiempo. Puede que te preguntes si tu sueño se hará realidad alguna vez. Entonces, de repente, si has sido fiel, y una vez que Él te ha preparado, Dios se moverá y hará cosas asombrosas.

DE BUENO A MEJOR

A pesar de que Dios me había promovido de maneras notables en la iglesia, después de unos cinco años enseñando el estudio bíblico de las mujeres, sirviendo como pastor asociado, enseñando en el instituto bíblico y cumpliendo otras funciones en la iglesia, comencé a sentir inquietud en mi alma. El sentimiento no desaparecía, así que empecé a buscar seriamente lo que estaba mal.

Dios me dejó claro que quería que llevara el ministerio al norte, al sur, al este y al oeste. Esperé un año antes de obedecerle, y durante ese tiempo me sentí cada vez más miserable.

Al final, mi pastor me preguntó qué me pasaba. De mi boca salió: "No lo sé, pero quizá no debería seguir aquí". Me miró con cara de sorpresa, y estoy seguro de que yo también, porque nunca me había planteado marcharme. Me dijo: "Bueno, será mejor que te tomes un tiempo libre y lo averigües".

Comencé un ayuno, con la intención de continuarlo, junto con la oración, hasta que recibiera una respuesta clara de Dios con respecto a mi trabajo en la iglesia. Pero una hora después ya sabía que tenía que dejar mi puesto. Mis prioridades estaban cambiando rápidamente.

Se preguntarán cómo supe qué hacer. En primer lugar, sentí con mucha claridad en mi corazón que irme era lo que Dios quería. Dave llevaba tiempo diciéndome que tenía que dejar mi trabajo y ampliar mis fronteras. También tuve varias confirmaciones fuertes de otras personas que no sabían nada de lo que había en mi corazón. Sin conocer directamente mi situación, una mujer me preguntó: "¿Cuánto tiempo crees que te quedarás aquí?". Otra dijo: "No estarás aquí para siempre porque Dios quiere usarte para ayudar a más gente".

La decisión de dejar mi trabajo en la iglesia ha sido una de las decisiones más difíciles que he tomado nunca. Amaba mi trabajo, amaba a la gente y disfrutaba lo que hacía. Pero Dios habló definitivamente y me hizo saber que ya no me necesitaba allí.

Francamente, luché por no sentirme insultada, porque había estado en la iglesia desde que solo tenía treinta personas. La había visto crecer hasta los mil quinientos miembros, y acabábamos de mudarnos a un nuevo edificio. Sentía que había estado allí cuando hubo que hacer el trabajo duro y que me perdería los grandes días que se avecinaban. Lo que estaba haciendo era bueno, pero Dios tenía algo mejor en mente. Si no le hubiera obedecido, todavía estaría allí, pero estaría insatisfecha porque no era allí donde Él me necesitaba. También me habría perdido todas las cosas asombrosas que Dios me ha permitido hacer durante los treinta y siete años pasados desde que dejé ese trabajo.

Si vamos a seguir a Dios, puede que no consigamos hacer todo lo que queremos. En otras palabras, puede que tengamos que renunciar a lo que creemos que queremos para que Dios pueda darnos lo que realmente queremos, pero que aún no lo sabemos.

Si sigues a Dios, puede que no consigas hacer todo lo que quieres.

Después de dejar mi puesto en la iglesia, nació Joyce Meyer Ministries. Dave y yo terminamos el sótano de nuestra casa y pusimos allí nuestras oficinas. Nos pusimos en camino como Abraham, sin saber adónde nos dirigíamos (Hebreos 11:8). Simplemente tratamos de seguir la guía del Espíritu Santo, y todavía lo hacemos hoy.

Contratamos a ocho emisoras de radio y nuestros programas funcionaron bastante bien. Celebramos reuniones locales en la zona de St. Louis. Teníamos reuniones una vez al mes en el norte de St. Louis, y teníamos reuniones semanales en zonas del sur, este y oeste de la ciudad. Tenía que quedarme en los alrededores de St. Louis porque nadie me conocía en otras ciudades. Pero hice exactamente lo que Dios me dijo que hiciera: fui al norte, al sur, al este y al oeste.

Teníamos un puñado de empleados que nos ayudaban mucho, y Dave y yo trabajábamos muy duro. Recuerdo estar sentada en mi despacho, contestando a los pocos correos que recibíamos con mi máquina de escribir manual. A medida que crecía la audiencia de la radio, empezamos a alquilar salones de baile de hoteles donde podíamos celebrar conferencias de cien a doscientas personas. Teníamos que celebrar las reuniones a poca distancia en coche de nuestra casa, porque desde luego no podíamos permitirnos los billetes de avión.

Dave localizó y alquiló los salones de baile y continuó trabajando diligentemente para ponerme en más estaciones de radio. Eventualmente, Dios nos dirigió a salir en televisión semanalmente y luego diariamente. Como nos mostramos fieles en cada cosa que Dios nos dio para hacer, después de un tiempo, Él nos dio más. Ser fiel en las cosas pequeñas es la clave para eventualmente tener algo grande en qué ser fiel (Mateo 25:23). Tu situación probablemente no es la misma que la mía, pero los mismos principios piadosos se aplican sin importar cuáles sean tus metas.

FIEL Y PACIENTE

Después de que salimos en televisión, las conferencias que organizábamos crecieron mucho más, y empecé a recibir invitaciones para hablar en otros eventos o en varias iglesias. Al poco tiempo, no podía seguir el ritmo de todas las promociones que Dios estaba enviando a mi vida. Él dice que abrirá las ventanas del cielo y derramará tantas bendiciones que no podremos contenerlas (Malaquías 3:10), y creo que eso es lo que sucedió en nuestro ministerio.

Con el tiempo, tuve que empezar a elegir a qué invitaciones para hablar decía que sí y a cuáles decía que no, simplemente porque no podía hacer todo lo que me pedían. Pero recuerden que no fue de la noche a la mañana. Empecé ofreciendo un pequeño estudio bíblico una vez a la semana. El éxito que experimenté más tarde no llegó ni fácil ni rápidamente.

Recibimos las promesas de Dios mediante la fe y la paciencia (Hebreos 6:12). La paciencia no es solo la capacidad de esperar. Tiene mucho que ver con nuestra actitud y con cómo nos comportamos mientras esperamos. Todo el mundo espera, lo quiera o no. Podemos sentirnos desgraciados mientras esperamos, o podemos aprender a esperar bien. Si estás en un período de espera en este momento, mantén una buena actitud y confía en que Dios traerá la promoción y el avance en el momento adecuado.

Puedes sentirte desgraciado mientras esperas, o puedes aprender a esperar bien.

No podemos hacer nada para que Dios se dé prisa. De hecho, cuando nos impacientamos demasiado, solemos tomar cartas en el asunto y hacer algo para acelerar las cosas. Esto no suele salir bien, y acabamos esperando más de lo que habríamos esperado de haber seguido confiando en Dios.

Todo en el ministerio creció *muy lentamente*. Yo quería que creciera más rápido, pero Dave era —y es— un hombre extremadamente paciente. Parte de ser fiel es ser paciente. Dave sabía que, si alcanzábamos el éxito demasiado rápido, nos produciría orgullo y el ministerio fracasaría. Si sucedía lentamente, tendríamos que lidiar con una variedad de problemas, pruebas y situaciones que nos harían crecer en humildad y en la convicción de que no podíamos hacerlo sin Dios. Si quieres hacer algo que sea un éxito a la manera de Dios, tendrás que aprender a esperar con una buena actitud. Confía en que el tiempo de Dios es perfecto y en que su camino es siempre el mejor.

A medida que nuestro ministerio crecía poco a poco, aprendí muchas lecciones, gran parte de ellas dolorosas. Pero ahora digo que la espera fue muy valiosa. Durante los años de preparación quise rendirme en numerosas ocasiones, pero ahora me alegro de que Dios me diera la gracia de aguantar.

Sea cual sea tu sueño, sé fiel a lo que Dios te guíe a hacer. A medida que permanezcas fiel y seas paciente mientras se desarrolla el proceso, experimentarás el éxito que Dios desea que disfrutes. Si pudiera darte un consejo, te diría que te asegures de disfrutar donde estás en camino a donde vas. No te centres tan intensamente en llegar a tu destino que no te tomes tiempo para disfrutar de tu viaje.

No te centres tan intensamente en tu destino que no disfrutes del viaje.

8

La necesidad de disciplina y autocontrol

El diccionario es el único lugar donde el éxito viene antes que el trabajo. El trabajo es la clave del éxito, y el trabajo duro puede ayudarte a conseguir cualquier cosa.

Vince Lombardi Jr.[17]

Espero que no decidas saltarte este capítulo solo porque la disciplina y el autocontrol no te parezcan interesantes. No creo que la gente pueda tener éxito sin estas dos cualidades. Eclesiastés 5:3 dice que "de las muchas ocupaciones brotan los sueños". Tener un sueño o el deseo de tener éxito es fácil, pero si la gente no está dispuesta a trabajar duro, a menudo durante mucho tiempo, no lo conseguirá. Margaret Thatcher dijo: "No conozco a nadie que haya llegado a la cima sin trabajar duro".[18]

Debes ser capaz de gestionarte a ti mismo antes de poder gestionar a los demás.

La razón por la que creo que la disciplina y el autocontrol son vitales para el éxito es que debes ser capaz de gestionarte a ti mismo antes de poder gestionar nada ni a nadie. Cuando llegas a la cima, ya no tienes jefe, así que debes ser capaz de gestionarte a ti mismo. Esto incluye gestionar tus actitudes, la forma en que tratas a la gente, tus pensamientos y palabras, cómo gastas o no tu dinero, cómo te cuidas y muchas otras cosas.

Aunque seas el jefe, la responsabilidad es importante. Esto puede significar rendir cuentas a un mentor, un asesor o a un consejo consultivo. De hecho, muchas empresas y ministerios —grandes y pequeños— tienen un consejo de personas que ayudan a supervisar sus actividades y opinan sobre las decisiones que el jefe está considerando.

A diario, Dios es mi único jefe. Pero también tengo a mi marido y a cuatro hijos adultos, además de una junta directiva, que se enfrentarían a mí si consideraran que estoy haciendo algo que no debería hacer.

Es fácil ser engañado, especialmente cuando se trata de dinero y poder, así que usa la sabiduría y pide a algunas buenas personas con integridad y experiencia que te corrijan si creen que vas en la dirección equivocada. Tristemente, puedo pensar en varias personas de éxito que perdieron sus ministerios o negocios debido a la deshonestidad, la inmoralidad sexual, el maltrato a la gente o diversas adicciones. Un hombre, cuando se le preguntó por qué hizo lo que hizo, dijo: "Tenía tanto poder que pensé que podía hacer lo que quisiera y nadie se atrevería a cuestionarme". También se me ocurren algunas personas que fracasaron simplemente porque eran demasiado orgullosas para escuchar a los demás.

A veces, los demás pueden ver en nosotros lo que nosotros mismos no vemos. Si dos o tres personas espiritualmente maduras te dicen lo mismo, es sabio escuchar. El autocontrol es la capacidad de decirte a ti mismo que no, por mucho que quieras hacer algo, si sabes que no es lo correcto.

El autocontrol es la capacidad de decirse que no a uno mismo.

Proverbios 6:6-11 nos dice que estudiemos a la hormiguita y observemos cómo trabaja duro sin un supervisor. La hormiguita tiene la sabiduría de hacer lo correcto sin que nadie la obligue. Ahora estoy trabajando, pero no tengo que hacerlo. Podría haber hecho cualquier cosa que quisiera hacer hoy, pero tengo responsabilidades que cumplir, y quiero ser fiel para hacer lo mejor que pueda para Dios.

Casi todas las mañanas, cuando me levanto, puedo elegir hacer lo que quiera ese día, pero si no eligiera trabajar la mayoría de los días, no estaría donde estoy hoy. Como he dicho antes, la procrastinación descarrila a mucha gente que tiene la capacidad de hacer grandes cosas. Siguen aplazando el trabajo que requiere su sueño hasta otro momento. De alguna manera, ese momento nunca llega. Alguien dijo con razón: "Algún día no es un día de la semana". Si quieres lograr algo, deja de procrastinar.

ESFUÉRZATE MÁS

Las personas de éxito no solo están dispuestas a trabajar duro, sino que a menudo van más allá. Son sabias a la hora de hacer un poco más de lo que se requiere o de hacer provisiones extra, porque las situaciones a menudo exigen más de lo que piensan. La parábola de Jesús de las diez vírgenes es un gran ejemplo de ello:

> El reino de los cielos será entonces como diez jóvenes solteras que tomaron sus lámparas y salieron a recibir al novio. Cinco de ellas eran insensatas y cinco, prudentes. Las insensatas llevaron sus lámparas, pero no se abastecieron de aceite. En cambio, las prudentes llevaron vasijas de aceite junto con sus lámparas. Y como el

novio tardaba en llegar, a todas les dio sueño y se durmieron. A medianoche se oyó un grito: "¡Ahí viene el novio! ¡Salgan a recibirlo!". Entonces todas las jóvenes se despertaron y se pusieron a preparar sus lámparas. Las insensatas dijeron a las prudentes: "Dennos un poco de su aceite porque nuestras lámparas se están apagando". "No —respondieron estas—, porque así no va a alcanzar ni para nosotras ni para ustedes. Es mejor que vayan a los que venden aceite y compren para ustedes mismas". Mientras iban a comprar el aceite, llegó el novio. Las jóvenes que estaban preparadas entraron con él al banquete de bodas. Y se cerró la puerta.

Mateo 25:1-10

Podemos aprender muchas grandes lecciones de esta parábola. La primera es que debemos hacer más de lo que creemos necesario. Las cinco vírgenes necias no estaban bien preparadas. Solo hicieron lo mínimo. No prepararon sus lámparas por si el novio se retrasaba. Y entonces, por alguna razón, se retrasó. En muchas situaciones, más vale mucho que poco. Puede tratarse de prepararse para un proyecto o una oportunidad, de disponer de más tiempo para llegar a una cita importante, de tener más tiempo de lo necesario, o de ahorrar más dinero para una determinada compra o proyecto del que se espera gastar. Podría significar no iniciar un viaje por carretera pensando que llenarás el depósito de gasolina a los cincuenta kilómetros. Empieza con el depósito lleno porque nunca se sabe cuándo podrás encontrarte con un atasco u otro retraso. Desarrolla la sabiduría necesaria para saber que las circunstancias no siempre se desarrollan como esperas y disciplínate para hacer lo necesario si no es así, y un poco más.

La segunda lección es que, en muchas situaciones, nos enfrentaremos a personas que no hacen lo que deben, como las cinco vírgenes necias que no tenían suficiente aceite. Cuando esto sucede, normalmente quieren que las personas que han sido sabias y disciplinadas, que han pensado con antelación y se han preparado para lo inesperado, las rescaten, como hicieron las vírgenes necias con las sabias. Quieren que los que han trabajado duro les den lo que deberían haber ganado por sí mismos.

La tercera lección que nos enseña esta parábola es que el éxito no llega simplemente porque lo deseemos.

No basta con desearlo. El novio llegó mientras las vírgenes necias salían a comprar más aceite. Las cinco vírgenes prudentes pusieron límites. No compartieron su aceite con las necias, sino que les permitieron aprender de sus errores. Estoy segura de que cuando las vírgenes insensatas regresaron, desearon haberse llevado más aceite. Mucha gente desea el éxito, pero no podemos simplemente desearlo. El éxito llega porque nos disciplinamos para prepararnos y trabajar por él.

El éxito no se consigue deseándolo.

NO SEAS GROSERO

Dado que se considera de mala educación entrar en un servicio religioso durante la música y molestar a los que ansían adorar a Dios mientras intentas conseguir un asiento, conozco algunas iglesias que cierran las puertas del santuario cuando empieza la música. Los que llegan tarde al servicio tienen que esperar a que termine la música para poder entrar en la sala. Como llegaron tarde, les cerraron las puertas. Esto me recuerda a lo que les ocurrió a las cinco vírgenes necias. Llegaron tarde y se les cerró la puerta.

Algunas iglesias permiten que los que llegan tarde se queden en la parte de atrás del santuario hasta que termine la música del culto, pero no les permiten molestar a los demás. Creo que esta es la forma correcta de manejar la situación.

Cualquiera puede llegar tarde de vez en cuando, a veces por razones buenas o inevitables, pero algunas personas tienen la costumbre de llegar tarde. Estas personas no muestran amor y respeto a los demás, porque les interrumpen mientras están haciendo algo importante. Ser puntual requiere disciplina, y si te cuesta disciplinarte, ser más puntual es un buen punto de partida para empezar a practicar la disciplina.

Algunos feligreses también tienen el mal hábito de irse mientras el pastor está invitando a la gente a entregar sus vidas a Jesús. Qué triste sería si alguien se viera impedido de aceptar a Cristo como su Señor y Salvador porque un compañero cristiano lo distrajo, solo para salir del estacionamiento antes que los demás. La prisa es un gran problema hoy en día, y los que procrastinan son los que más se apresuran.

Hace poco leí un libro titulado *The Ruthless Elimination of Hurry*, de John Mark Comer. Él hace la gran observación de que no podemos amar a la gente si andamos siempre con prisa. El amor es la llamada número uno de Dios a nuestras vidas como creyentes. La Biblia enseña que amar a los demás es lo más importante que hacemos (1 Pedro 4:8), y las prisas son la mejor manera de pasar por alto a quienes más necesitan nuestro amor. Dedicar tiempo a estar con otras personas es una forma de demostrarles que las amamos.

SIEMPRE DA LO MEJOR DE TI

Si no das lo mejor de ti mismo, como enseña Mateo 5:41, puedes recoger lo que has sembrado (Gálatas 6:7), como leeremos en la historia del carpintero. Creo que esta historia ilustra la importancia de disciplinarnos para dar lo mejor de nosotros mismos en todo momento. Nunca debemos descuidar nuestra integridad ni nuestra ética de trabajo, aunque estemos cansados y dispuestos a pasar a otra cosa. Siempre debemos disciplinarnos para terminar bien.

Haz siempre un esfuerzo adicional, porque cosechas lo que siembras.

Un anciano carpintero estaba a punto de jubilarse. Comunicó a su jefe su intención de dejar el negocio de la construcción y vivir una vida más tranquila con su mujer y disfrutar de su familia. Echaría de menos el sueldo, pero había llegado el momento y estaba dispuesto a colgar el martillo.

Su jefe se sintió decepcionado, ya que el carpintero había sido un trabajador leal y diligente durante muchos años, por lo que se entristeció al verle marchar.

Le pidió un último favor: que construyera una casa más antes de retirarse. El carpintero dijo que sí, pero con el tiempo se vio que su corazón no estaba en su trabajo. Recurrió a chapuzas y utilizó materiales de mala calidad. Fue una forma desafortunada de poner fin a una carrera tan dedicada.

Cuando el carpintero terminó su trabajo, su jefe vino a inspeccionar la casa. Le entregó la llave de la puerta principal. "Esta es tu casa", le dijo, "mi regalo para ti". El carpintero se quedó estupefacto. ¡Qué vergüenza! Si hubiera sabido que estaba construyendo su propia casa, hubiera hecho todo de otra manera. Ahora tenía que vivir en la casa que no había construido muy bien.

LAS PERSONAS DISCIPLINADAS SABEN DECIR NO

Las personas disciplinadas saben decir que no a los demás. Pero, lo que es más importante, saben decirse que no a sí mismas. Saben que no pueden hacerlo todo y hacerlo todo bien. Hace poco estuve con nuestro nieto de tres años y medio, y una de las muchas cosas que dice es: "¡No me gusta que me digas que no!". Es enfático y ruidoso cuando dice esto. Sus padres le corrigen, pero a mí me hace gracia porque es muy pequeño para decir eso. Es bonito cuando lo dice un niño de tres años y medio, pero cuando lo dicen personas de treinta o cuarenta años, ya no es bonito. Debemos aprender que el "no" forma parte de la vida y confiar en que hay momentos en la vida en los que el "no" es la mejor respuesta.

Hebreos 12:11 dice:

Ciertamente, ninguna disciplina, en el momento de recibirla, parece agradable, sino más bien dolorosa; sin embargo, después produce una cosecha de justicia y paz para quienes han sido entrenados por ella.

Cuando estás en el proceso de disciplinarte, esto puede parecer "desagradable y doloroso". Pero si te mantienes firme, al final te alegrarás de haberlo hecho porque producirá buenos frutos en tu vida. ¿Eres capaz de hacer ahora lo que te beneficiará más tarde? La mayoría de nosotros queremos todas las bendiciones, ventajas, éxito y prosperidad que podamos tener en la vida, pero no todos quieren hacer el trabajo para obtener estas cosas. Mucha gente hoy quiere gratificación instantánea, pero ese no es el camino de Dios. Créeme, trabajar y esperar por lo que queremos nos hace apreciarlo mucho más que si simplemente nos lo dan.

Haz ahora lo que te beneficiará más adelante.

Yo les digo a las personas que luchan contra los celos de los demás que nunca sientan celos de lo que otro tiene, a menos que estén dispuestos a hacer lo que esa persona hizo para conseguirlo. Podemos mirar fácilmente lo que otra persona tiene y decir: "Ojalá yo tuviera eso", pero puedo garantizarte que no lo consiguieron deseándolo.

Dios nos ha dado un espíritu de disciplina y autocontrol para ayudarnos a tener éxito en todos los aspectos de la vida, y podemos elegir utilizarlo o no (2 Timoteo 1.7). Lo que está en nuestro poder hacer también está en nuestro poder no hacerlo. El poder debe aprovecharse y dirigirse para hacer el bien. Como dijo Harry Emerson Fosdick: "Ningún caballo llega a ninguna parte hasta que no está enjaezado. Ninguna corriente o gas impulsa algo hasta que es confinado. Ningún Niágara se convierte en luz y energía hasta que se le hace una represa. Ninguna vida se hace grande hasta que no está centrada, dedicada y disciplinada".[19]

La autodisciplina es necesaria para trabajar duro y también para mantener el equilibrio y no trabajar demasiado. El equilibrio es importante en la vida. Primera de Pedro 5:8 nos enseña a estar bien equilibrados para no darle al diablo la oportunidad de dañarnos o destruirnos. Basándome en este versículo, concluyo que al diablo no le importa si hacemos muy poco o demasiado, porque cualquiera de las dos cosas puede impedir que tengamos éxito.

Al diablo no le importa si haces poco o demasiado.

Es posible que, como yo, seas un trabajador empedernido por naturaleza. Si es así, puede que tengas que disciplinarte más para descansar que para trabajar. Recuerda que, además de descansar lo suficiente, debes dedicar tiempo a hacer cosas que te gusten para evitar el agotamiento.

FE SIN OBRAS

Somos salvos por gracia mediante la fe (Efesios 2:8), no por obra nuestra. La salvación es un don que abre la puerta a todas las demás bendiciones de Dios, pero viene con condiciones, como la obediencia a Dios, el trabajo duro, el amor a los demás, la oración, la fidelidad, la diligencia, el perdón a los que te han hecho daño y otras. Para usar una metáfora, Jesús ha abierto las puertas de la prisión de vivir en esclavitud al pecado, pero tenemos que salir de la prisión. He escuchado historias de personas que pasaron muchos años en prisión, y cuando finalmente cumplieron su condena y fueron liberados, cometían inmediatamente otro delito que los llevaba de regreso a la cárcel. No sabían vivir en libertad y tomar sus propias decisiones y elecciones.

La historia del elefante que era libre pero no lo sabía ilustra bien mi punto de vista:

> Al pasar junto a unos elefantes, un hombre se detuvo de repente, confundido por el hecho de que estas enormes criaturas solo estuvieran sujetas por una pequeña cuerda atada a su pata delantera. Ni cadenas ni jaulas. Era evidente que los elefantes podían soltarse en cualquier momento, pero por alguna razón no lo hacían.
>
> Vio a un adiestrador cerca y le preguntó por qué esos animales se quedaban ahí parados

sin hacer ningún intento por escapar. "Bueno", dijo el adiestrador, "cuando eran muy jóvenes, y mucho más pequeños, utilizábamos la misma cuerda para atarlos. A esa edad, es suficiente para sujetarlos. A medida que crecen, se les condiciona para que crean que no pueden soltarse. Creen que la cuerda puede seguir sujetándoles, así que nunca intentan soltarse".

El hombre estaba asombrado. Estos elefantes podían liberarse de sus ataduras en cualquier momento, pero como creían que no podían, estaban atrapados.

Asegúrate de no estar viviendo menos que una vida abundante por haber sido condicionado a creer que eso es todo lo que puedes tener. Dios creó las bendiciones que quiere que tengamos, pero debemos caminar en ellas. Efesios 2:10 dice que somos hechura de Dios, "creados en Cristo Jesús para buenas obras, las cuales Dios preparó de antemano para que anduviésemos en ellas" (RVR60). Tú puedes experimentar cada bendición y éxito que Él tiene para ti, pero necesitarás disciplina y autocontrol para caminar en ellos.

No vivas una vida menos que abundante porque has sido condicionado a hacerlo.

9

El camino más fácil

La primera y mejor victoria es vencer al yo. Ser conquistado por uno mismo es, de todas las cosas, la más vergonzosa y objetable.

Platón[20]

Las personas que no practican la disciplina y el autocontrol a menudo buscan la manera fácil de hacer las cosas. Te insto a que no lo hagas. Te preguntarás: "Joyce, ¿en serio? ¿Por qué no tomaría el camino fácil si está disponible?". Si Jesús hubiera tomado el camino fácil, este libro no podría haber sido escrito. Porque el verdadero éxito a la manera de Dios ni siquiera estaría disponible para nosotros.

Moisés creció como hijo de la hija del faraón, con todos los privilegios y ventajas que ofrecía la familia de un gobernante (Éxodo 2:1-10). Pero él sabía que pertenecía a la élite de Israel. Llegó el momento en que se negó a seguir siendo llamado hijo de la hija del faraón porque prefirió ser maltratado con el pueblo de Dios antes que disfrutar de los placeres efímeros del pecado (Hebreos 11:24-25). Si no hubiera tomado esta decisión, no habría estado en condiciones de sacar a los israelitas de la esclavitud en Egipto, de experimentar la separación del Mar Rojo o de subir al Monte Sinaí para recibir los Diez Mandamientos de Dios.

Me pregunto cuántas bendiciones se pierde la gente por elegir hacer algo de la manera fácil. No hagamos eso. Es mucho mejor hacer lo que es difícil y vivir una vida bendecida que tomar el camino fácil y vivir una vida infeliz.

¿Cuáles son algunas de las formas en que puedes practicar el no tomar el camino fácil en tu vida diaria? Aquí tienes algunas ideas:

- Sube por las escaleras en lugar de utilizar el ascensor o las escaleras mecánicas (a menos que vayas a la vigésima planta).
- Termina tu trabajo antes de entretenerte.
- Sáltate el postre si necesitas perder unos kilos.
- No pospongas las situaciones desagradables.
- Cuando tengas varios trabajos que hacer, haz primero el que más te disguste.
- Nunca dejes para mañana lo que puedas y debas hacer hoy.
- No utilices el crédito para pagar nada que no debas tener.
- Ahorra siempre parte del dinero que ganes.
- Dedica tiempo a ser amable con todo el mundo.
- Haz algún tipo de ejercicio al menos tres o cuatro veces por semana.
- Reduce la velocidad (esto es difícil para las personas ocupadas).

- Practica la paciencia y espera con buena actitud.
- Sé muy generoso.

Estas cosas, y otras similares, te ayudarán a obtener el éxito que deseas, pero requerirán disciplina y autocontrol. El "yo" (la naturaleza humana sin el amor y la gracia de Dios) a menudo elige el camino fácil en la vida, pero nos lleva a la "vida inferior". Leemos acerca de esto en Mateo 10:39: "El que se aferre a su vida [inferior] la perderá [la vida superior]; y el que pierda su vida [inferior] por mi causa la encontrará [la vida superior]" En otras palabras, si hacemos lo que no es fácil, encontraremos la vida superior: la vida de éxito que Jesús desea para nosotros. Pero si perseguimos la vida fácil e inferior, perderemos la vida superior.

Un camino fácil en la vida conduce a una vida inferior.

No tendremos éxito sin disciplina, autocontrol y, en la mayoría de los casos, sin la ayuda de otras personas. Practicar la disciplina y el autocontrol asegurándonos de que tratamos bien a los demás es una clave importante para el éxito. Me entristece mucho ver a un líder (alguien con autoridad o poder) que maltrata a sus compañeros simplemente porque puede hacerlo. He oído historias inquietantes sobre cómo se comportan algunas personas muy ricas en restaurantes y otros lugares de negocios, y no parece que practiquen ningún tipo de autocontrol. Nunca dejes que las bendiciones financieras te hagan pensar que eres mejor que los demás. Usa el dinero para bendecir a la gente. Apoya la predicación del evangelio, ayuda a los pobres, satisface las necesidades dondequiera que las encuentres, y agradece a Dios que te haya equipado con la habilidad de experimentar el gozo de ser una bendición. Como dice Hechos 20:35: "Más bienaventurado es dar que recibir" (RVR60).

¿QUÉ DICE EL APÓSTOL PABLO SOBRE LA DISCIPLINA Y EL AUTOCONTROL?

Pablo comprendió el valor de no tomar el camino fácil. Sabía que tenía que ejercer disciplina y autocontrol para enseñar correctamente a los demás. Enseñar, dirigir o participar, sabiendo que tus alumnos o hijos seguirán tu ejemplo, es a la vez un privilegio y una responsabilidad. Por esta razón, es vital para mí dar un buen ejemplo en casa y dondequiera que vaya. Esto requiere autocontrol, que no siempre ejerzo como debería. Pero he recorrido un largo camino desde que empecé, y sigo creciendo. Una cosa muy importante para mí es tratar a la gente como Jesús la trataría, y no siempre es fácil.

Pablo escribe en 1 Corintios 9:25-27:

> Todos los deportistas se entrenan con mucha disciplina. Ellos lo hacen para obtener una corona que se echa a perder; nosotros, en cambio, por una que dura para siempre. Así que yo no corro como quien no tiene meta; no lucho como quien da golpes al aire. Más bien, golpeo mi cuerpo y lo domino, no sea que después de haber predicado a otros, yo mismo quede descalificado.

Pablo no se permitía hacer lo que le daba la gana. Practicaba el autocontrol y se disciplinaba para hacer lo que creía que Jesús le encomendaba.

Pablo dijo sí a Dios y no a sí mismo para seguir estando capacitado para predicar a los demás. Habría sido un hipócrita si hubiera dicho a otros lo que tenían que hacer y luego no lo hubiera hecho él mismo. A nadie le gusta un hipócrita ni confía en él. Incluso Jesús habló con palabras fuertes sobre la hipocresía y lanzó una mordaz reprimenda a los hipócritas que le rodeaban en Mateo 23. Pregúntate si estás siendo un buen ejemplo para los demás o simplemente les estás diciendo lo que deben hacer. Hablar es fácil; no cuesta nada, pero actuar correctamente suele ser costoso o requiere que nos sacrifiquemos de alguna manera.

Hablar es fácil y no te cuesta nada.

Pablo también escribe: "'Todo me está permitido', pero no todo es para mi bien. 'Todo me está permitido', pero no dejaré que nada me domine" (1 Corintios 6:12). Esto nos dice que Pablo sabía que estaba libre de la ley. No perdería su salvación si no usaba el autocontrol, pero también sabía que no controlarse no lo ayudaría a vivir en victoria o tener éxito en lo que Dios le había llamado a hacer. Decidió no permitir que nada en la tierra lo dominara. Podemos hacer muchas cosas y aun así ir al cielo, pero las personas indisciplinadas disfrutarán más de sus vidas si comienzan a practicar la disciplina y a usar el autocontrol.

Puedo abusar y maltratar mi cuerpo físico comiendo comida chatarra todo el tiempo, no descansando lo suficiente, nunca haciendo ejercicio, y tomando otras decisiones poco saludables y, aun así, ir al cielo. Pero también me sentiré mal físicamente, agotaré mis reservas de energía y acabaré enfermando. Iré al cielo, pero no seré feliz mientras esté aquí en la tierra.

Puedes vivir preocupado e ir al cielo, pero no tendrás paz en la tierra.

Del mismo modo, podemos preocuparnos todo el tiempo e ir al cielo, pero estaremos ansiosos y sin paz mientras estemos en la tierra. Las personas que han recibido a Jesús como Señor y Salvador pueden faltar el respeto y maltratar a la gente e ir al cielo, pero también perderán el respeto de los demás y la oportunidad de disfrutar de buenas relaciones mientras se está en la tierra.

Pablo señala en 1 Corintios 6:13 que, sin autocontrol, la inmoralidad sexual puede convertirse en un problema. No se me ocurren muchas áreas de la vida que no requieran autocontrol: nuestros pensamientos, nuestras palabras, nuestras actitudes, nuestras finanzas, nuestra ética laboral, nuestro trato con los demás, el cuidado de nosotros mismos, mantener a Dios en primer lugar en nuestra vida, cuidar de las cosas con las que Dios nos bendice y mantener buenas relaciones, por nombrar algunas. El autocontrol es un fruto del Espíritu Santo, que Dios nos ha dado (Gálatas 5:22-23), y es nuestro amigo. Sin él nos meteremos en problemas.

Pablo se encontró con un hombre llamado Félix que le oyó hablar de la fe en Cristo (Hechos 24:24). Hechos 24:25 dice: "Al disertar Pablo sobre la justicia, el dominio propio y el juicio venidero, Félix tuvo miedo y dijo: '¡Basta por ahora! Puedes retirarte. Cuando sea oportuno te mandaré llamar otra vez'". Como la mayoría de la gente, Félix habría preferido escuchar lo que yo llamo un mensaje de "postre", algo que simplemente le hiciera sentir bien y que no requiriera ningún sacrificio por su parte. Tal vez habría seguido escuchando si Pablo hubiera predicado sobre las bendiciones de Dios y lo maravilloso que sería ir al cielo.

Sin embargo, Félix se alarmó cuando Pablo empezó a hablar del autocontrol. Tal vez pensó en cómo tendría que cambiar su vida si tuviera que obedecer lo que Pablo estaba diciendo.

¿QUÉ DICE EL APÓSTOL PEDRO SOBRE LA DISCIPLINA Y EL AUTOCONTROL?

Pedro enseñó lo mismo que Pablo: *libertad con límites*. Tenemos libertad porque Cristo nos ha hecho libres (Gálatas 5:1). Ya no vivimos bajo la ley de la Antigua Alianza. La Biblia nos da muchas instrucciones y mandamientos, pero también deja muchas cosas a nuestra discreción. Dios no nos controla. Nos da sabiduría, pero tenemos que elegir usarla. No usar la sabiduría tiene consecuencias negativas. Por ejemplo, puedo endeudarme y vivir bajo una presión financiera constante. Esto no me mantendrá fuera del cielo, pero no me dará la vida exitosa y victoriosa que deseo.

Antes he mencionado que nuestro ministerio nunca ha pedido dinero prestado. Nunca hemos tenido deudas, y esto nos ha ahorrado un estrés tremendo. Por supuesto, para no endeudarnos, debemos tener la paciencia de esperar a conseguir las cosas que queremos ahorrando dinero. No digo que pedir dinero prestado sea pecado. Pero siempre que se pueda evitar, es prudente hacerlo.

A veces, la gente que se cree libre piensa que puede hacer lo que quiera, aunque perjudique a los demás. Pero el amor de Dios que habita en nosotros nos impulsa a usar el autocontrol. Primera de Pedro 2:16-17 nos enseña: "Actúen como libres, y no como los que hacen de la libertad un pretexto para hacer lo malo sino como siervos de Dios. Honren a todos; amen a los hermanos; teman a Dios; honren al rey" (RVA-2015).

Muchas personas exigen hoy sus derechos y libertades. Pero al hacerlo, a menudo perjudican a otras personas. ¿Qué pasa con una persona que exige el derecho a publicar pornografía en Internet, y eso arruina innumerables matrimonios o corrompe las mentes de los jóvenes? Quienes la publican pueden alegar que publicar contenidos explícitos es su derecho a la libertad de expresión, pero ¿haría algo así alguien que camina en el amor verdadero?

Nuestra sociedad está siendo destruida por el egoísmo y la codicia de quienes no tienen en cuenta cómo sus acciones afectan a los demás.

Segunda de Pedro 1:3-7 nos da una fórmula para el éxito si queremos vivir una vida piadosa:

Su divino poder, al darnos el conocimiento de aquel que nos llamó por su propia gloria y excelencia, nos ha concedido todas las cosas que necesitamos para vivir con devoción. Así Dios nos ha entregado sus preciosas y magníficas promesas para que ustedes, luego de escapar de la corrupción que hay en el mundo debido a los malos deseos, lleguen a tener parte en la naturaleza divina. Precisamente por eso, esfuércense por añadir a su fe, virtud; a su virtud, conocimiento; al conocimiento, dominio propio; al dominio propio, constancia; a la constancia, devoción a Dios; a la devoción a Dios, afecto fraternal; y al afecto fraternal, amor.

El poder de Dios pone a nuestra disposición todo lo que necesitamos para el tipo de vida que Él quiere que vivamos. Pero observa que "precisamente por eso" debemos "[esforzarnos] por añadir" a nuestra fe bondad, conocimiento, dominio propio, perseverancia, piedad, afecto mutuo y amor. Una vez más, vemos que Dios hace su parte, y nosotros necesitamos hacer la nuestra. Me encanta colaborar con Dios. Él no solo hace su parte; también nos da el Espíritu Santo para ayudarnos a hacer la nuestra. Nuestro objetivo final en la vida debería ser siempre el amor. El tipo de amor que Dios nos muestra nos llevará a vivir de manera que tengamos un gran éxito en todo lo que hagamos.

¿QUÉ ES LA VERDADERA LIBERTAD?

La verdadera libertad es ser libre para vivir con moderación en todas las cosas. La moderación aporta equilibrio a nuestras vidas. Somos libres de hacer cosas, pero tenemos la disciplina de no hacerlas en exceso.

La verdadera libertad es vivir con moderación.

Es importante tener en cuenta que debemos lograr ser personas de buen carácter antes de tener éxito en los negocios o en otras empresas. Las personas de buen carácter viven con moderación. No buscan el camino fácil; son capaces de disciplinarse y controlarse.

Curiosamente, Filipenses 4:5, en la versión Reina Valera de 1977 de la Biblia, se traduce "Que vuestra mesura sea conocida por todos los hombres. El Señor está cerca". Me parece que Pablo cree que el regreso del Señor ocurrirá pronto, por lo que debemos asegurarnos de vivir con moderación, lo que por supuesto requiere autocontrol.

He aquí algunos ejemplos de cómo podemos vivir en libertad y, sin embargo, ejercer el autocontrol:

- Somos libres de comer dulces, pero no tenemos por qué comerlos todos los días.
- Somos libres de expresarnos y decir lo que pensamos sobre las cosas, pero también de callarnos cuando sabemos que Dios nos lo pide.
- Debemos mantener nuestras casas ordenadas y limpias, pero no ser tan rígidos y legalistas que nadie pueda disfrutar viviendo en ellas.
- Puede que nos guste ver la televisión, pero debemos tener autocontrol para no ver contenidos inapropiados.

- Debemos disfrutar del fruto de nuestro trabajo, pero también evitar el egoísmo y ser una bendición para los demás.
- Si nuestro negocio tiene éxito y aumentan los beneficios, deberíamos compartirlos de alguna manera con los empleados que nos ayudaron a conseguirlos, en lugar de gastarlos todos en nosotros mismos.

CUANTO MEJOR TRATEMOS A LAS PERSONAS, MÁS ÉXITO TENDREMOS

He tenido la desafortunada experiencia de trabajar para alguien que tenía poca consideración por los demás. Las utilizaba para alcanzar el éxito, pero nunca les reconocía su participación en el proceso. Rara vez decía siquiera "gracias". Lamentablemente, las personas con autoridad suelen actuar así. Utilizan a las personas para obtener éxito en lugar de utilizar su éxito para ser una bendición para los demás.

Utiliza tu éxito para ser una bendición para los demás.

En los Ministerios Joyce Meyer, no tenemos mucha rotación de personal porque tratamos bien a nuestros empleados. Mi experiencia trabajando para alguien que no trataba bien a la gente me enseñó una lección que me ha ayudado en mi ministerio. Sé que las personas necesitan sentirse valoradas si esperamos que sigan haciendo su trabajo. Las personas capaces necesitan ascensos. Sus sueldos deben permitirles vivir cómodamente, y valoran prestaciones como seguros, amplias vacaciones y un plan de jubilación. Necesitan saber que se les aprecia. Te insto a que seas parco en críticas y generoso en cumplidos.

Trata a los demás como te gustaría que te trataran a ti.

Piensa siempre en cómo te gustaría que te trataran a ti y trata a los demás de la misma manera. Algunos empresarios piensan: "No puedo permitirme hacer lo que dices, Joyce". Puede que piensen así, pero deberían tener en cuenta lo caro que resulta perder a un empleado formado, tener que buscar a otro y luego absorber el coste de formar a otra persona.

En uno de los lugares donde normalmente hago compras, la recepción requiere varios empleados para gestionar los procesos de entrada y salida. El personal cambia constantemente. Debido a la rotación de personal, a menudo tengo que tratar con empleados que no saben utilizar el sistema correctamente ni responder a mis preguntas con exactitud. Mientras espero para hacer mis compras, estoy rodeada de personas frustradas que tienen las mismas experiencias que yo. Cuando pregunto por qué hay tanta rotación de personal, la respuesta es siempre: "Aquí no pagan lo suficiente. En cuanto encuentran otro trabajo mejor pagado, se van".

Los propietarios de este negocio obviamente no se han dado cuenta de cuánto les cuesta seguir perdiendo gente, encontrar nuevos empleados y formarlos. Tampoco se han dado cuenta de cuánto dinero pierden porque la gente se frustra al intentar obtener un buen servicio.

Hay una diferencia entre ser frugal y ser tacaño. Cuando se trata de personas, haz por ellas lo máximo que puedas, no lo mínimo.

Hay una diferencia entre ser frugal y ser tacaño.

A Dave y a mí nos gusta comer en cierto restaurante de St. Louis. Los camareros y camareras llevan trabajando allí tanto tiempo que he oído que la gente que quiere trabajar en este restaurante tiene que esperar a que alguien se jubile para poder conseguir un trabajo allí. Eso en sí mismo me dice que la gente que es dueña de este restaurante trata bien a su personal. La gente no seguirá trabajando en un sitio mucho tiempo si siente que se aprovechan de ellos.

Este es uno de los mejores consejos que puedo ofrecerte si quieres tener éxito en los negocios: trata con excelencia a las personas que te ayudan a tener éxito y haz que se sientan importantes y valoradas. Hacer esto requiere autocontrol, porque tendrás que gastar parte del dinero que tal vez prefieras conservar para retenerlos. La verdad es que ser amable con la gente no te perjudica; te ayuda.

No hace daño ser amable con los demás.

Para concluir este capítulo, permíteme sugerirte que pienses seriamente en lo que has leído sobre tratar bien a las personas. Pregúntate cómo lo estás haciendo en este aspecto. No tengas solo un plan para ganar dinero; ten también un plan para bendecir a las personas que te ayudan a ganar ese dinero. Esto es crucial para el éxito. Si tu objetivo no son los negocios, puedes aplicar este principio a cualquier cosa que quieras hacer en la vida, y funcionará a tu favor.

Permíteme también sugerirte que consideres cómo piensas cuando intentas tomar el camino fácil de las cosas. Espero que este capítulo te haya ayudado a comprender que el camino fácil rara vez, o nunca, es la mejor manera de hacer las cosas. Debes estar dispuesto a realizar el trabajo necesario para alcanzar tu sueño, aunque te parezca duro o su progreso sea lento a veces. Cuando lo consigas, te alegrarás de haberlo hecho.

10

Excelencia e integridad

*La excelencia es el resultado
de la integridad habitual.*
Lennie Bennett[21]

Como cristianos, estamos llamados a ser excelentes. La Segunda de Pedro 1:3 dice: "Mediante su divino poder, Dios nos ha dado todo lo que necesitamos para llevar una vida de rectitud. Todo esto lo recibimos al llegar a conocer *a aquel que nos llamó por medio de su maravillosa gloria y excelencia*" (NTV, énfasis mío). Servimos a Dios, que es excelente, y para representarlo adecuadamente, debemos ser excelentes también.

Mi preocupación es que en nuestra sociedad moderna muchas personas no saben lo que es la excelencia. Tienen pocos ejemplos, si es que tienen alguno, de los que aprender.

Como he vivido mucho tiempo, he visto muchos cambios en nuestra sociedad. Aunque algunos han sido positivos, muchos han sido negativos. Cuando era adolescente, la mayoría de la gente era amable. Eran educados. Trabajaban duro y hacían su trabajo con excelencia, y cumplían su palabra. El trabajo de calidad era algo de lo que la gente estaba orgullosa. La gente era honrada y cumplía con su deber. Valoraban la integridad. Hoy en día, lo que he descrito no siempre es así. La mediocridad se ha convertido en la norma y la gente se ha acostumbrado tanto a ella que no le ve nada de malo.

Cuando Dave y yo iniciamos los Ministerios Joyce Meyer en 1985, Dios me hizo saber que, si queríamos tener éxito, teníamos que hacer tres cosas:

1. Ser excelentes en todo lo que hiciéramos.
2. Caminar con integridad.
3. Mantener la discordia fuera de nuestras vidas y de nuestro ministerio.

Desde entonces, hemos sido diligentes para hacer estas cosas, y todavía enseñamos estos principios a nuestro personal de forma regular. Dave y yo también trabajamos con Dios para mantenerlos en nuestra vida personal.

En 1985 teníamos muy poco, pero teníamos una actitud excelente con lo que teníamos. Nuestra furgoneta era vieja y necesitaba neumáticos nuevos, pero la manteníamos limpia, le cambiábamos el aceite con regularidad y nos ocupábamos de otras cuestiones de mantenimiento. Las reuniones que organizábamos eran pequeñas, pero yo estudiaba y predicaba como si las multitudes fueran miles y miles. Teníamos pocos empleados, pero les pagábamos lo mejor que podíamos y les tratábamos bien. Reconozco que al principio cometí errores en el trato con algunas personas, sobre todo con las que me resultaba difícil congeniar. Pero desde entonces he aprendido que no todos somos iguales. Debemos tener misericordia los unos con los otros. Si quieres tener éxito en la vida, haz todo lo que hagas con excelencia. La excelencia no es la perfección; es simplemente hacer lo mejor que puedas con lo que tienes. Hoy en día, es difícil encontrar personas con las que trabajar que sean excelentes y tengan integridad, pero me enorgullece decir que Joyce Meyer Ministries cuenta con una plantilla maravillosa de personas a las que se les ha enseñado la excelencia. Ellos hacen posible que nuestro ministerio ayude a millones de personas en todo el mundo.

Haz todo lo que hagas con excelencia.

ELIGE BIEN A TUS AMIGOS

La Palabra de Dios nos enseña a elegir cuidadosamente a nuestros amigos (Proverbios 22:24-25; 1 Corintios 15:33). Esto es importante si queremos vivir con excelencia e integridad. Nuestros amigos nos influyen mucho, ya sea de manera positiva o negativa.

Encuentra personas excelentes y pasa tu tiempo con ellas. Asegúrate de estar rodeado de personas que modelen lo que tú esperas llegar a ser. Quiero amigos que caminen en el amor y no se enfaden fácilmente. Quiero que sean flexibles, emocionalmente estables y disciplinados. Para mí es importante que mis amigos hagan las cosas a tiempo y cumplan su palabra. Me gustaría que fueran generosos y buenos con los demás y que tuvieran buenos modales. Quiero amigos que hablen de cosas importantes, pero que también escuchen. Además, quiero que sepan decir "me equivoqué" o "lo siento", y que perdonen rápidamente cuando diga que me equivoqué o cuando me disculpe. Me doy cuenta de que es mucho pedir, pero, de hecho, conozco a algunas personas que se ajustan a esta descripción, y las admiro mucho.

EXCELENCIA E INTEGRIDAD VAN DE LA MANO

Tener integridad es ser honesto en todo lo que se hace. Este tipo de honestidad representa la excelencia. Tener integridad significa actuar de acuerdo con el firme compromiso de una persona con elevadas normas morales.

Una persona íntegra es auténtica, no falsa. Vive la vida que dice a los demás que vivan, y hace lo correcto incluso cuando nadie la ve. Repito: hace lo correcto incluso cuando nadie la ve. Mantiene su palabra y hace lo que dice que va a hacer.

Las personas íntegras hacen lo correcto incluso cuando nadie las ve.

Algunos ejemplos sencillos y prácticos de integridad son devolver la llamada a alguien cuando le dices que lo harás, y cumplir tus compromisos, aunque te inviten a hacer algo que sabes que disfrutarías más.

Cuando la gente se pone en contacto con Joyce Meyer Ministries, le respondemos. Si tienen una pregunta o piden oración, nos comunicamos con ellos. No le digas a alguien que orarás por él para luego no hacerlo.

Cuando Dave y yo concertamos citas con contratistas para que realicen ciertos trabajos en nuestra casa, muchas veces simplemente no se presentan a la cita o ni siquiera nos llaman para avisarnos de que no van a venir. Cuando los contactamos, la excusa suele ser:

"Bueno, hemos estado ocupados", "Hoy estamos saturados", o "No ha llegado la pieza que necesitábamos para la reparación". Pero no nos llaman para decirnos que no les esperemos. Cuando nos ponemos de acuerdo para estar en casa un día determinado y la gente no viene a hacer su trabajo, perdemos una parte de nuestro día porque no se han tomado la molestia de hacer una simple llamada telefónica. Este tipo de acciones son groseras y carecen de excelencia e integridad.

La excelencia en la comunicación es vital para cualquiera que quiera tener éxito. Cuando no nos comunicamos, a alguien le cuesta trabajo, tiempo o dinero. Soy comunicadora, y nada me frustra más que la gente que me hace perder el tiempo porque no se molesta en comunicarse. Creo que la comunicación es tan vital para el éxito que las personas que no se comunican deberían replantearse si deben dedicarse a los negocios.

EXCELENCIA EN LOS NEGOCIOS

Si tienes un negocio, dirígelo con excelencia. Tres veces en el mismo restaurante he pedido una hamburguesa con queso para llevar, y cuando llegué a casa no tenía queso. ¿Cómo se come una hamburguesa con queso sin queso? Se lo conté a alguien y me dijo: "Tengo un cuento peor: pedí una hamburguesa con queso para llevar en el mismo restaurante. Cuando la mordí, solo tenía pan, pepinillos y kétchup. No había ni hamburguesa ni queso". Este tipo de problemas no pueden achacarse únicamente a los empleados. Gritan "mala gestión".

Dave y yo vamos con frecuencia a una charcutería local. Normalmente cogemos comida para llevar, pero hace poco decidimos quedarnos allí a comer. Cuando fui al baño, la puerta estaba torcida en el marco y tuve que empujarla con fuerza para cerrarla. Entonces recordé que la misma puerta había estado igual cuando estuve en ese baño siete meses antes. También me di cuenta de que el suelo estaba sucio y de que había suciedad acumulada en las esquinas y a lo largo de los zócalos. Este restaurante tiene muchos clientes y la comida es buena, pero no hay excusa para no limpiar bien y para no arreglar la puerta. Me pregunto si la comida que estoy comiendo de este lugar se maneja tan despreocupadamente como la limpieza y el mantenimiento. Espero que no.

Dave y yo solemos pedir comida para llevar debido a nuestro estilo de vida. Puedo decir sin dudarlo que

EL CAMINO AL ÉXITO

casi la mitad de las veces algo no sale bien en el pedido. Cuando esto ocurre, no puede ser un accidente. Es el resultado de una mala gestión. Pero hay un restaurante en el que creo que nunca ha pasado nada con nuestras comidas. Esto se debe a una buena gestión. Es el mismo restaurante en el que alguien tiene que jubilarse para que contraten a otro. Obviamente, su espíritu de excelencia afecta a todos los aspectos de su negocio.

Prestar atención a los detalles es importante.

Cuando los locales comerciales no se mantienen limpios, cuando los pedidos no se despachan correctamente, cuando los trabajos se hacen mal de forma sistemática o cuando los representantes no cumplen sus compromisos, la razón suele ser que la gente quiere obtener muchos beneficios, pero no está dispuesta a invertir nada de sus ingresos en mantener el establecimiento en excelentes condiciones. Con el tiempo, los negocios de este tipo acaban fracasando. Puede que tarde un tiempo, pero cuando funcionan con principios que no promueven el éxito duradero, simplemente no logran conseguirlo.

Las personas excelentes no son perezosas; saben que es importante prestar atención a los detalles.

TRANSIGENCIA

La transigencia es la enemiga del éxito y lo contrario de la excelencia. Ser excelente significa ir más allá y hacer más de lo necesario. La difunta Golda Meir, exprimera ministra de Israel, dijo: "Ser o no ser no es una cuestión de compromiso. O se es o no se es"". El conformismo nos rodea hoy en día. La gente dice: "Oh, es solo una pequeña cosa. No puede hacer daño". Pero las cosas pequeñas si hacen daño. Cuando transigimos, lastimamos a Dios y nos lastimamos a nosotros. En última instancia, podemos dañar nuestras vidas y nuestro futuro.

Para ser personas de excelencia e integridad debemos tener un conjunto de normas por las que vivir y negarnos a cambiarlas cuando no nos convienen.

La transigencia es lo contrario de la excelencia.

LA EXCELENCIA ES UNA ELECCIÓN

Ser excelente es una elección. Afecta a todas nuestras decisiones y a todos los aspectos de nuestra vida. Digo que la excelencia es una elección porque debemos *decidir* ser excelentes. De lo contrario, podemos dejar que nuestra naturaleza carnal nos guíe, y la carne siempre es mediocre, incluso en sus mejores momentos. La mediocridad está a medio camino entre el éxito y el fracaso.

He aquí algunas formas sencillas y prácticas de empezar a practicar la excelencia:

- Devuelve siempre las cosas a su sitio.
- No dejes cosas para que las limpien los demás.
- Si te dan demasiado cambio o no te cobran un artículo en una tienda, devuelve el dinero sobrante o pide al dependiente que te cobre el artículo que se pasó por alto.
- Di siempre "lo siento" cuando hagas daño u ofendas a alguien.
- Si en tu trabajo te dan media hora para comer, no te tomes treinta y cinco minutos pensando que el tiempo extra no importa.

- No te lleves a casa material de oficina (bolígrafos, clips, blocs de notas, etc.) para tu uso personal.
- Si tienes un negocio, mantenlo limpio y organizado.
- Forma a tus empleados para que se sientan orgullosos de su lugar de trabajo y lo mantengan ordenado y limpio.
- Practica los buenos modales. Di "por favor" y "gracias".
- Se agradecido y no te quejes.
- Si usas el último pañuelo desechable de una caja, saca una caja nueva.
- Si se acaba el papel higiénico, pon un rollo nuevo.
- Si te bebes la última taza de café de la cafetera, prepara una cafetera nueva.
- Si usas todo el papel de la impresora o fotocopiadora, rellénalo.

Estas son solo algunas sugerencias, pero te darás cuenta de que la elección de ser excelente o mediocre se te planteará muchas veces al día. Creo que, si te comprometes a ser excelente, eso te ayudará de forma significativa a tener éxito en todos los ámbitos de la vida.

Incluso puedo ir tan lejos como para decir que creo que va a cambiar tu vida.

He mencionado que la forma en que tratamos a las personas es muy importante para nuestro éxito. La Biblia dice que debemos desear fervientemente los mayores y mejores dones, pero que hay un "camino más excelente", que es el amor (1 Corintios 12:31). Si nos centráramos más en mostrar amor a la gente y menos en conseguir lo que queremos, seríamos más felices y poderosos. Entonces podríamos confiar en que Dios nos dará lo que Él quiere que tengamos cuando sea el momento adecuado para que lo tengamos. Es muy probable que lo que Él nos dé sea mejor que lo que queríamos.

Céntrate más en mostrar amor a la gente y menos en conseguir lo que quieres.

¿QUÉ ES LA INTEGRIDAD?

Si preguntáramos hoy a la gente qué es la integridad, creo que muchos de ellos probablemente no tendrían ni idea. Esto es trágico. No solo tenemos que resucitar la palabra *integridad* en nuestra cultura, sino que también necesitamos modelarla en nuestras vidas. La integridad es ser honesto, mantener nuestra palabra y tener una moral fuerte. También es el estado de ser íntegro o indiviso. En otras palabras, las personas íntegras no dicen una cosa y hacen otra. No viven una vida cuando la gente les observa y otra cuando nadie les observa. En realidad, Dios siempre está mirando, y debemos vivir teniendo esto en cuenta.

Los que tenemos el privilegio de enseñar la Palabra de Dios debemos enseñar principios de integridad y ayudar a la gente a comprender su importancia. Pablo le dijo a Tito que diera ejemplo haciendo lo que es bueno y que en su enseñanza mostrara "integridad y seriedad" (Tito 2:7).

Considera lo que estas escrituras nos enseñan sobre la integridad:

- Según Proverbios 20:7, las personas justas que caminan en integridad son bendecidas, y también lo son sus hijos.
- David escribe en el Salmo 101:2: "Quiero conducirme en mi propia casa con integridad de corazón". Esto significa que caminó con integridad en la intimidad de su hogar, cuando nadie miraba.

- El Salmo 15:4 dice que el que teme y honra al Señor mantiene su palabra y no cambia de opinión "aunque salga perjudicado". Esto significa que debes decir la verdad, aunque te cause problemas.

Dios promueve a las personas que viven con integridad.

Dios promueve a las personas que viven con integridad. Ser una persona íntegra puede costarte al principio, pero te compensará después. He aquí una historia al respecto.

Monty Roberts creció rodeado de caballos en California. Su padre era entrenador de caballos y Monty montaba antes de aprender a andar. Fue durante el apogeo de las películas del Oeste, tiempo en que, de niño Monty montaba a caballo en películas, a menudo como doble de actores infantiles. Más tarde se dedicó a rodeos y concursos hípicos y se ganó la reputación de gran jinete.

Roberts siempre soñó con ser entrenador de caballos y, con una mujer y un par de hijos que mantener, pensó que había llegado el momento de tomárselo en serio, así que se metió en el negocio. A pesar de su reputación de gran jinete, Roberts era un entrenador inexperto y tenía problemas para conseguir clientes. Solo tenía cuatro caballos para entrenar, lo que no le daba suficiente dinero para mantener a su familia.

Roberts no estaba seguro de lo que iba a hacer cuando se le presentó la oportunidad de trabajar como aprendiz con Don Dodge, uno de los entrenadores más conocidos y respetados de la zona. Le dijeron que se llevara dos de sus caballos.

Al cabo de diez semanas terminó el aprendizaje, y Roberts se reunió con Dodge. Uno de los caballos que había traído se llamaba Panama Buck. Dodge le dijo a Roberts que llamara al dueño del caballo al llegar a casa, Lawson Williams, y le dijera que estaba malgastando su dinero al hacer que Roberts entrenara al caballo, porque este nunca iba a llegar a nada.

Roberts era comprensiblemente reacio a hacerlo, ya que eso eliminaría una cuarta parte de sus ya escasos ingresos. Cuando preguntó a Dodge por qué debía hacerlo, este le respondió que lo más importante que podía hacer era decir siempre la verdad a los propietarios sobre sus caballos, y que si lo hacía pronto conseguiría negocio más que suficiente para reponer la pérdida.

Roberts se fue a casa e hizo lo que le habían ordenado, pero Williams no se tomó bien la noticia. Respondió reprendiendo a Roberts, gritándole: "Inútil hijo de perra, no reconocerías un buen caballo, aunque se te metiera entre las piernas. Es el último caballo que te daré".

Varios días después sonó el teléfono de Roberts. Una voz al otro lado dijo: "Hola, soy el Sr. Gray, Joe Gray". Continuó: "Ayer estuve almorzando con el Sr. Williams. Se quejaba de usted, pero por lo que he oído, es el único entrenador honesto que conozco. Bueno, sé que su caballo Panama Buck no era realmente bueno, y solo quiero darle un voto de confianza. Tengo un caballo que quiero enviarle; se llama My Blue Heaven".

A partir de ese momento, las cosas empezaron a cambiar para Roberts. Se ganó la reputación no solo de gran entrenador, sino también de honesto, y pronto tuvo caballos más que suficientes para entrenar. Con el tiempo, incluso tuvo la oportunidad de entrenar caballos para la Reina de Inglaterra. Y todo empezó siguiendo un sabio consejo de un mentor: ser siempre honesto, aunque el precio sea alto.[23]

Creo de todo corazón que seguir los principios de excelencia e integridad es la razón por la que Dios ha bendecido tanto nuestro ministerio. También creo que, si tú los sigues, tu vida será bendecida.

11

Doce reglas para el éxito

*El verdadero éxito tiene más componentes
de los que puede contener una frase o una idea.*

Zig Ziglar[24]

Quiero recordarte doce cosas valiosas que, pienso, debes tener presentes en tu camino hacia el éxito. Varias de ellas son recordatorios de material que ya he tratado y otras son nuevas, pero todas son importantes para que tengas éxito.

1. MANTÉN SIEMPRE A DIOS EN PRIMER LUGAR.

Haz todo lo que haces con Dios y para Dios. Hazlo todo para su gloria y alabanza. Romanos 11:36 dice: "Porque de él, por él y para él son todas las cosas. A él sea la gloria por los siglos. Amén" (RVR60).

Además, mantén la conciencia tranquila para que nada entorpezca tu relación con Dios. Creo que el éxito de todo en la vida depende de nuestra relación con Dios.

2. TENER UN OBJETIVO O UN SUEÑO CLARO EN EL CORAZÓN.

No tengas miedo de salir e intentar seguir el sueño que Dios ha puesto en tu corazón. Si cometes errores, que todos lo hacemos, aprende de ellos. Pide al Espíritu Santo que te guíe mientras persigues tus sueños, y sé fiel a seguirle. No te esfuerces tanto por complacer a los demás que termines haciendo algo que no te gusta solo para contentarlos.

No te esfuerces tanto en complacer a los demás que termines haciendo algo que no te gusta solo para tenerlos contentos.

3. QUIÉRETE DE FORMA EQUILIBRADA.

Quererte de forma equilibrada no significa ser egoísta. Significa cuidarte, recordar que Dios te creó a su imagen y semejanza y creer que no eres un error. Dios te ama incondicionalmente y quiere que tengas una buena relación contigo mismo. Aprende a verte como Dios te ve. El éxito es imposible si tienes una mala imagen de ti mismo.

4. ESFUÉRZATE POR SER EL TIPO DE PERSONA QUE DIOS QUIERE QUE SEAS ANTES DE INTENTAR TRIUNFAR EN CUALQUIER OTRA COSA.

Recuerda lo que dice Jesús en Mateo 6:33: "busquen primeramente el reino de Dios y su justicia, entonces todas estas cosas les serán añadidas".

A menos que te conviertas en la persona que Dios quiere que seas, cualquier éxito que alcances vendrá acompanado de un sentimiento de frustración. No estoy diciendo que tengamos que ser perfectos. Dios es misericordioso y nos bendice mientras estamos en camino de convertirnos en lo que Él quiere que seamos. Pero las personas que no están en ese camino tienden a sentir que les falta algo, sin importar lo que logren.

5. PERMANECE EN PAZ EN TODO MOMENTO.

Creo que estar en paz es tan importante para el éxito que quiero profundizar en ello. Jesús es el Príncipe de Paz (Isaías 9:6), y Él nos da su paz (Juan 14:27). Juan

14:27 continúa diciendo: "No se angustien ni se acobarden". Así que Jesús nos da su paz, pero para recibirla, tenemos que dejar de enfadarnos. La ira nos rodea hoy en día, y si queremos seguir siendo pacíficos, debemos comprender la importancia de la paz y comprometernos con ella. No dejes que la gente enfadada te irrite y te ponga a su nivel.

Donde hay paz hay poder. Antes mencioné que Dios me ordenó claramente mantener la discordia fuera de mi vida y de mi ministerio. Puedo decir sin vacilación que este es un trabajo de tiempo completo. Satanás conoce los peligros de la discordia, la agitación y la ira, y trabaja diligentemente para traer división entre las personas que están tratando de trabajar juntos. Si quieres construir algo importante, tendrás que trabajar con otras personas, lo que significa que puede haber conflictos. He descubierto que la mejor manera de mantener los conflictos alejados de mi vida es afrontarlos.

La mejor manera de alejar los conflictos de tu vida es afrontarlos.

Ronald Reagan dijo: "La paz no es la ausencia de conflicto, sino la capacidad de afrontar el conflicto de forma pacífica"[25]. Es imposible vivir sin tener conflictos, pero podemos aprender a manejarlos adecuadamente o, como suelo decir, podemos aprender a estar en desacuerdo de forma agradable. Pablo les dijo a los corintios que seguían siendo poco espirituales porque tenían celos y sus relaciones implicaban disputas con los demás (1 Corintios 3:3).

Las disputas incluyen riñas, discusiones, desacuerdos acalorados y un trasfondo de ira que atraviesa las situaciones o las relaciones. Creo que el trasfondo de ira es el aspecto más peligroso de las disputas. Esto ocurre cuando la gente finge que todo va bien, pero entre bastidores se chismorrea, se juzga e, incluso, se odia. La contienda destruye cualquier esperanza de éxito en los negocios, el ministerio y las relaciones. El Salmo 133 enseña que donde hay unidad habrá bendición. Porque esto es verdad, también concluiríamos que donde no hay unidad, no hay bendición.

La discordia destruye toda esperanza de éxito en la vida.

Las contiendas también ofenden y contristan al Espíritu Santo (Efesios 4:29-31). Porque Él vive en nosotros como creyentes en Jesús, si Él está afligido, nosotros también nos sentiremos afligidos. Este tipo de dolor a menudo se manifiesta como depresión.

Proverbios 13:10 dice: "El orgullo solo genera contiendas". Lo contrario del orgullo es la humildad, así que la humildad nos ayuda a evitar las contiendas.

La humildad es un fruto del Espíritu Santo, pero es difícil de desarrollar. El ego humano es fuerte, y humillarnos para evitar conflictos es un reto para la mayoría de las personas. Nos esforzamos por tener la razón en todas las situaciones, pero como dijo una vez mi hijo: "Tener razón está muy sobrevalorado". Cuando iniciamos un conflicto con otra persona para demostrar que tenemos razón, no nos sentimos mejor porque nos hayan dado la razón. De hecho, al final, puede que hayamos dañado una relación o perdido un amigo.

Primera de Pedro 3:11 nos enseña a buscar y perseguir la paz con Dios, con los demás y con nosotros mismos. Quiero destacar que debemos buscar y procurar la paz para tenerla. Satanás está constantemente tratando de crear problemas. Él es bueno en esto, así que debemos entrenarnos para reconocer la discordia apenas empieza e inmediatamente hacer nuestra parte para detenerla.

Debes buscar la paz para tenerla.

6. MANTENTE ENFOCADO.

La concentración es difícil de mantener en nuestras ajetreadas vidas, pero es necesaria si queremos tener éxito en algo. Si quiero estudiar la Palabra de Dios, debo ser capaz de permanecer enfocado durante el período de tiempo que he apartado para estudiar. Si tú y yo asistimos a un seminario y no permanecemos concentrados en lo que se está enseñando, podríamos sentarnos durante toda la presentación y salir sin poder recordar nada de lo que se dijo. Cuando escribo un libro, siempre intento ir a un lugar donde no me distraigan. Prefiero estar totalmente sola, porque cada vez que me distraigo, luego tengo que dedicar un tiempo precioso a recuperar la concentración.

La tecnología puede hacer difícil —pero no imposible— mantener la concentración durante mucho tiempo. No tenemos que contestar el teléfono cada vez que suena o consultar el correo electrónico a cada minuto. Incluso podemos apagar el teléfono durante unas horas. Además de la tecnología, Satanás utilizará a las personas bien intencionadas que amas y a tus amigos para distraerte. Necesitarán que hagas algo o sentirán que no pueden esperar para hablar contigo. Incluso entonces, a menos que tengan una verdadera emergencia, debes ser lo suficientemente asertivo para decir "no, no puedo hacer eso ahora mismo, pero ya te llamaré".

La mayoría de los días incluyen muchas distracciones, pero podemos encontrar formas de minimizarlas o evitarlas. He oído decir que no podemos hacerlo todo y hacerlo todo bien, y lo creo. Por lo tanto, decide qué quieres lograr cada día y concéntrate en ello.

7. SÉ PACIENTE.

Oímos decir: "Esa persona tuvo éxito de la noche a la mañana". Esto no es cierto. No hay éxitos de la noche a la mañana. El éxito verdadero y duradero en cualquier cosa requiere tiempo y paciencia. Tenemos mucho que aprender en el camino hacia el éxito, y Dios suele madurarnos y desarrollarnos gradualmente.

A veces vemos a personas que ascienden rápidamente porque tienen un don o una habilidad sobresalientes. Pero si no tienen la madurez que acompaña a su don, casi siempre acaban comportándose de forma inmadura, metiéndose en problemas y perdiendo la oportunidad que tenían. Pablo aconsejó a Timoteo que no pusiera a los nuevos creyentes en un lugar de liderazgo porque podrían llenarse de orgullo y luego caer (1 Timoteo 3:6).

*Rápido y frágil,
lento y sólido.*

Yo siempre quise que todo sucediera rápido en el ministerio, pero Dave se contentaba con ser paciente y esperar. Tenía un dicho que me frustraba en aquel momento, pero que ahora sé que es cierto: "Rápido y frágil, lento y sólido".

Las Escrituras enseñan que obtenemos las promesas de Dios mediante la fe y la paciencia (Hebreos 6:12). La paciencia es un fruto del Espíritu Santo (Gálatas

5:22-23) que crece solo bajo prueba, según el *Diccionario Expositivo de Palabras del Antiguo y Nuevo Testamento Exhaustivo de Vine* [*Vine's Dictionary of Greek Words*]. La paciencia no es la capacidad de esperar; es permanecer fiel y emocionalmente estable mientras esperamos. Esperar no es una opción. Todos esperamos muchas cosas, pero no todos esperan bien. Si no sabemos esperar pacientemente lo que deseamos, nos hacemos miserables. La impaciencia es inútil porque no hace que las cosas sucedan más rápido.

Paciencia es permanecer fiel mientras esperas.

8. PIENSA Y HABLA DE LO QUE QUIERES, NO DE LO QUE TIENES.

Dios llama a las cosas que no existen como si ya existieran (Romanos 4:17). ¿Qué sentido tiene rezar para que Dios libere a su hijo de una adicción a las drogas y luego ir a comer con un amigo y hablar de lo asustado que estás de que nunca sea liberado? Sería mucho mejor decir algo como: "Creo que Dios está obrando en la vida de mi hijo, y veré el día en que este hijo sea completamente libre de la drogadicción".

Cuando tengas un sueño para tu vida, pon tus pensamientos de acuerdo con tu deseo. Cuando reces, dile a Dios que estás deseando que llegue el día en que lo veas hecho realidad. Tuve que esperar mucho tiempo para ver cumplidos mis sueños, pero también tuve que aprender a estar agradecida por lo que veía, aunque fuera poco comparado con lo que proyectaba en mi corazón. Trabajé en el ministerio durante diez años antes de fundar Joyce Meyer Ministries. Esos diez años fueron formativos. Durante esa importante temporada, se sentaron las bases para el futuro. Esos años también fueron difíciles, pero solo porque no entendía lo que entiendo ahora. La única manera de llegar a los buenos tiempos es pasar por los tiempos difíciles, que casi siempre son tiempos de aprendizaje.

Todo lo que vale la pena tener,
vale la pena trabajarlo.

Si huimos de las dificultades, nos pasaremos la vida buscando algo que sea fácil. Pero todo lo que realmente merece la pena tener, merece la pena trabajar y esperar.

9. DESARROLLAR UNA FUERTE ÉTICA DE TRABAJO.

"De las muchas ocupaciones brotan los sueños" (Eclesiastés 5:3). Dave y yo trabajamos tanto en los primeros años de nuestro ministerio que, a veces, me pregunto cómo lo hicimos. Pero el deseo nos motiva como ninguna otra cosa, y Dios nos da la gracia para hacer lo que nos ha llamado a hacer.

Admito que por error he dicho que sí a algunas cosas que no debería haber aceptado. Pero como he mencionado a menudo, aprendemos de nuestros errores. Es importante no ir más allá de la gracia que Dios nos da en nuestras vidas. Su gracia es su capacidad y poder que nos permiten hacer las cosas con facilidad. Dios nos invita a entrar en su descanso, que creo, como mencioné en el capítulo 2, es un descanso *mientras* trabajamos, no un descanso *del* trabajo.

No vayas más allá de la gracia que Dios te da.

El equilibrio y la moderación son importantes para evitar el agotamiento. Muchas personas se agotan porque no llevan una vida equilibrada. A veces he trabajado tanto que me he enfermado. La última vez que lo hice, no me recuperé rápidamente. Debido a esto, finalmente aprendí que, aunque tenemos que estar dispuestos a trabajar duro, llega un momento en que tenemos que dejar que otras personas hagan muchas de las cosas que antes hacíamos nosotros. Dios te dará la ayuda que necesitas si la utilizas.

Otro consejo en esta línea es no compararse con nadie. Algunas personas tienen una gran capacidad de trabajo, mientras que otras necesitan más descanso. No intentes ser otra persona y no juzgues a los demás por no ser como tú. Algunas personas trabajan rápido, mientras que otras lo hacen despacio. Tardé mucho tiempo en aprender esta lección. Empecé pensando que todo el mundo debería ser como yo. Lo único que conseguía era frustrarme y juzgarlos, lo cual es un comportamiento impío.

10. SÉ BUENO CON LA GENTE.

Nadie tiene éxito solo. Aunque seas el dueño de un negocio o el líder de un ministerio u organización, no puedes hacerlo todo tú solo. Es importante tener gente a tu alrededor que te apoye, te anime, ore por ti e, incluso, te ayude en aspectos prácticos de tu vida. Estoy agradecida por las personas que me ayudan en todos estos aspectos. Como he mencionado antes, tengo como prioridad tratar bien a la gente. Me comprometo a pagar bien a nuestros empleados del ministerio y a ofrecerles prestaciones que sean valiosas para ellos. Quiero que escuchen cumplidos, que se sientan alentados y que sepan cuánto los apreciamos. Quiero trabajar para que Joyce Meyer Ministries sean una bendición para ellos. No podría hacer lo que hago sin el gran equipo que tenemos, y todos ellos comparten nuestro éxito.

Cuando la gente te ayude a tener éxito, sé tan bueno y generoso con ellos como puedas. Reconoce lo importantes que son para ti. Hazles cumplidos y anímalos. Págales lo mejor que puedas y ofréceles beneficios que les ayuden a sentirse cuidados y apreciados.

Además, sé bueno con las personas necesitadas de tu comunidad, de tu país y del mundo. Si tienes dinero, haz una donación económica a un ministerio que atienda a los pobres. Si tienes más tiempo que dinero, considera la posibilidad de servir comidas a personas a través de un ministerio de alimentos, o simplemente revisa tu armario y regala la ropa y los zapatos que te sobren a lugares que los pongan a disposición de personas necesitadas.

Hay muchas maneras de ser bueno y generoso con la gente. Incluso una sonrisa puede alegrarle el día a alguien. No creo que nadie alcance el verdadero éxito si se guarda sus recursos para sí mismo. El verdadero éxito, a la manera de Dios, implica bendecir y ser bueno con los demás.

11. TÓMATE TIEMPO PARA DISFRUTAR DE TU VIDA.

Durante muchos años trabajé tan duro que no tomé tiempo para disfrutar de la vida o, incluso, para disfrutar del ministerio. Recuerda que Dios se tomó un tiempo después de cada cosa que creó —Él lo miró, dijo que era bueno, y lo aprobó (Génesis 1). Necesitamos celebrar cada pequeño progreso que hacemos en vez de quejarnos de lo lejos que todavía tenemos que llegar.

Según Juan 10:10, el enemigo viene a robar, matar y destruir. Pero Jesús vino para que tengamos vida y disfrutemos de nuestra vida y la tengamos "en abundancia" hasta rebosar. Debido a que crecí en un hogar disfuncional e incestuoso, nunca aprendí a relajarme y disfrutar de la vida. Siempre estaba esperando con miedo el siguiente episodio de ira o abuso. Cuando tenía veinte años, no recordaba haber disfrutado nunca de la vida. Escuchaba a Dave hablar de lo mucho que se divertía de niño, a pesar de que su familia tenía muy poco, y aunque me alegré por él, me hizo darme cuenta de que no tenía recuerdos agradables.

Dios tuvo que enseñarme a disfrutar de mi viaje. Siempre me sentía más valiosa cuando trabajaba, y cada vez que intentaba disfrutar de algo, me sentía culpable. Dios me mostró que me sentía culpable porque pensaba que no merecía disfrutar. Seguía castigándome por cosas que ni siquiera eran culpa mía.

Aprendí que, por mucho que trabajara, siempre habría más cosas que hacer, y que tomarme descansos para hacer cosas que me gustaban me hacía más creativa cuando volvía al trabajo. Estaré eternamente agradecida a Dios por haberme enseñado a vivir una vida equilibrada que incluyera la adoración, el trabajo y el juego. Somos seres tripartitos (espíritu, alma y cuerpo) y debemos cuidarnos espiritualmente, mentalmente, emocionalmente, físicamente, socialmente, financieramente y de cualquier otra manera.

Te insto a que te tomes un tiempo libre del trabajo. Descansa, disfruta de tus aficiones, lee ficción, juega al golf, ve películas o haz lo que más te guste. Pero también te insto a que te des cuenta de que el éxito requiere temporadas de trabajo duro. Mantén el equilibrio y no abrirás ninguna puerta al diablo. Recuerda que 1 Pedro 5:8 dice: "Practiquen el dominio propio y manténganse alerta. Su enemigo el diablo ronda como león rugiente, buscando a quién devorar". El diablo busca a quien devorar, pero no tenemos por qué ser ni tú ni yo si usamos la sabiduría y seguimos la guía del Espíritu Santo.

12. NO TE RINDAS NUNCA.

No se me da bien rendirme. La Biblia nos dice que no nos cansemos de hacer el bien, porque cosecharemos "a su debido tiempo" si no nos damos por vencidos

(Gálatas 6:9). El tiempo oportuno no siempre es el tiempo que quisiéramos. Es el tiempo señalado por Dios, y su tiempo es siempre perfecto.

Hay miles de grandes historias de personas que se enfrentaron a un fracaso tras otro y acabaron teniendo un gran éxito porque no se rindieron. Por ejemplo, el profesor de música de Elvis Presley comentó que "no tenía aptitudes para la música".[26] Y el Dr. Seuss envió su primer libro a más de veinte editoriales antes de que se lo aceptaran. Sus libros llegaron a vender más de setecientos millones de ejemplares.[27]

Parece obvio que si uno cree que tiene algo que vale la pena ofrecer, debe creer en ello, digan lo que digan los demás. Eso es lo que yo hice. Ahora predico en reuniones a las que asisten miles de personas. Pero cuando empecé, hice cientos de reuniones a las que asistían cien o menos personas. Recuerdo una reunión con solo nueve personas, ¡y cinco de ellas fueron a la reunión conmigo! Se preguntarán si esto fue desalentador, y la respuesta es que sí, pero no lo suficiente como para hacerme abandonar. Creo que cuando Dios pone algo en ti, el deseo de hacerlo es tan fuerte que te empuja a seguir adelante frente a todo tipo de adversidades. Cada fracaso es un trampolín. La única manera de fracasar es rendirse. He aquí algunas cosas a las que nunca debes renunciar:

- Nunca renuncies a tu salud. Puedes estar sano y sentirte bien.
- Nunca te rindas con los que amas. Dios puede cambiarlos.
- Nunca renuncies a tus finanzas. Puedes liberarte de las deudas.
- Nunca renuncies a tus sueños. Puedes ver cómo se hacen realidad.
- Nunca renuncies a ti mismo. Puedes superar el miedo, la timidez, la falta de confianza y cualquier otra cosa que necesites superar.

Al diablo le encantan los que se rinden. Nunca le des la satisfacción de verte rendido. Si sigues adelante, triunfarás.

Conclusión

A veces nos lleva un tiempo encontrar el lugar adecuado para nosotros, pero lo encontrarás si sigues hablando con Dios y dando pasos en la fe. A veces tienes que dar un paso atrás y empezar de nuevo, pero hay un lugar que es adecuado para ti. No te rindas hasta que lo encuentres.

Dios ha dado a cada quien el deseo y la capacidad de hacer cada trabajo que necesita ser hecho. Recuerda siempre que tu parte es importante, tanto si eres un cavador de zanjas, una niñera, un predicador, un magnate de los negocios, un banquero, un limpiacristales, una ama de casa que educa a sus hijos en el hogar, o cualquier otra cosa. No te compares con nadie. Sé lo mejor que puedas y hazlo para la gloria de Dios. Ese es el camino hacia el verdadero éxito.

¿Tienes una verdadera relación con Jesús?

Dios te ama. Él te creó para que fueras un individuo único, especial y sin réplica alguna, y tiene un propósito y un plan específicos para tu vida. A través de una relación personal con tu Creador, Dios, puedes descubrir un estilo de vida que realmente satisfaga tu alma.

No importa quién seas, lo que hayas hecho o en qué punto de tu vida te encuentres ahora mismo: el amor y la gracia de Dios son mayores que tu pecado y tus errores. Jesús voluntariamente dio su vida para que puedas recibir el perdón de Dios y tener una nueva vida con Él. Jesús solo está esperando a que lo invites a ser tu Salvador y Señor.

Si estás listo para entregar tu vida a Jesús y seguirlo, todo lo que tienes que hacer es pedirle que perdone tus pecados y que te dé un nuevo comienzo en la vida que estás destinado a vivir. Comienza rezando esta oración:

Señor Jesús, gracias por dar tu vida por mí
y por perdonar mis pecados para que pueda tener
una relación personal contigo. Lamento sinceramente
los errores que he cometido y sé que necesito
que me ayudes a vivir bien.

Tu Palabra dice en Romanos 10:9: "Si confiesas con tu boca que Jesús es el Señor y crees en tu corazón que Dios lo levantó de entre los muertos, serás salvo". Yo creo que Tú eres el Hijo de Dios y te confieso como mi Salvador y Señor. Tómame tal como soy y obra en mi corazón, haciendo de mí la persona que Tú quieres que sea. Quiero vivir para ti, Jesús, y agradezco que me des un nuevo comienzo en mi nueva vida contigo hoy. ¡Te amo, Jesús!

Es increíble saber que Dios nos ama así. Él quiere tener una relación profunda e íntima con nosotros, que crezca cada día mientras pasamos tiempo con Él en oración y en el estudio de la Biblia. Y queremos animarte en tu nueva vida en Cristo.

Visita https://tv.joycemeyer.org/espanol/como-conocer-jesus/ para descargar gratis el libro *Diles que les amo*. También tenemos otros recursos gratuitos en línea para ayudarte a progresar en la búsqueda de todo lo que Dios tiene reservado para ti.

¡Enhorabuena por el nuevo comienzo de tu vida en Cristo! Esperamos tener noticias tuyas pronto.

Notas

1. "Albert Schweitzer Quotes" [Citas de Albert Schweitzer], *BrainyQuote*, https://www.brainyquote.com/quotes/albert_schweitzer_15598.
2. "Michael R. Phillips Quotes" [Citas de Michael R. Phillips], *Goodreads*, https://www.goodreads.com/quotes/18785-the-best-things-are-never-arrived-at-in-haste-god.
3. "Albert Einstein Quotes" [Citas de Albert Einstein], *BrainyQuote*, https://www.brainyquote.com/quotes/albert_einstein_131187.
4. "Mark Twain Quotes" [Citas de Mark Twain], *Goodreads*, https://www.goodreads.com/quotes/83918-the-worst-loneliness-is-to-not-be-comfortable-with-yourself.
5. Martín Lutero, Carta a Melanchthon, 1521.
6. "Colin Powell Quotes" [Citas de Colin Powell], *BrainyQuote*, https://www.brainyquote.com/quotes/colin_powell_121363.
7. Mark Batterson, "Everything I Need to Know I Learned from the Wise Men" [Todo lo que necesito saber lo aprendí de los sabios], Sitio web de la National Community Church, 23 de diciembre de 2018, https://national.cc/media/let-there-be-light/everything-i-need-to-know-i-learned-from-the-wise-men-2018.
8. "Norman Vincent Peale Quotes" [Citas de Norman Vincent Peale], *BrainyQuote*, https://www.brainyquote.com/quotes/norman_vincent_peale_130593.

NOTAS

9. "Michelangelo Quotes" [Citas de Miguel Ángel], *BrainyQuote*, https://www.brainyquote.com/quotes/michelangelo_108779.

10. Kevin Daum, "21 Quotes from Thomas Jefferson That Will Inspire You" [21 citas de Thomas Jefferson que te inspirarán], *Inc.*, 12 de abril de 2016, https://www.inc.com/kevin-daum/21-quotes-from-thomas-jefferson-that-will-inspire-you.html.

11. "J.C. Penney Quotes" [Citas de J.C. Penney], *Finest Quotes*, http://www.finestquotes.com/author_quotes-author-J.C.+Penney-page-0.htm.

12. "Seneca Quotes" [Citas de Séneca], *BrainyQuote*, https://www.brainyquote.com/quotes/seneca_405078.

13. "Theodore Roosevelt Quotes" [Citas de Theodore Roosevelt], *BrainyQuote*, https://www.brainyquote.com/quotes/theodore_roosevelt_122116.

14. Steven R. Covey, *The 7 Habits of Highly Effective People* [7 hábitos de la gente altamente efectiva], 30th Anniversary Card Deck eBook Companion (Mango Media, 2022).

15. David Nield, "Humans Can Really Only Maintain Five Close Friends, According to This Equation" [Según esta ecuación, los seres humanos solo pueden tener cinco amigos íntimos], *Science Alert*, 3 de mayo de 2016, https://www.sciencealert.com/the-latest-data-suggests-you-can-only-keep-five-close-friends.

16. Franklin Graham, Billy Graham, and Donna Lee Toney, *Billy Graham in Quotes* [Citas] (Thomas Nelson, 2011).

17. *Pass It On* [Pásalo], https//:www.passiton.com/inspirational-quotes/6476-the-dictionary-is-the-only-place-that-success-comes-before-work.

18. "Margaret Thatcher Quotes" [Citas de Margaret Thatcher], *BrainyQuote*, https://www.brainyquote.com/quotes/margaret_thatcher_114264.

NOTAS 213

19. Martin H. Manser, ed., *The Westminster Collection of Christian Quotations* [Colección Westminster de citas cristianas], (Westminster John Knox Press, 2001), 76.

20. "Plato Quotes" [Citas de Platón], *BrainyQuote*, https://brainyquote.com/quotes/plato_108514.

21. *AZ Quotes*, https://azquotes.com/quote/584747.

22. Israel Shenker, "Mrs. Meir, at Princeton, Offers Her Views" [La Sra. Meir, en Princeton, ofrece su punto de vista], *New York Times*, 12 de diciembre de 1974, https://www.nytimes.com/1974/12/12/archives/mrs-meir-at-princeton-offers-her-views-her-constituency.html.

23. "A Story of Integrity" [Una historia de la integridad], *Soares Martial Arts*, 19 de febrero de 2020, https://lsfmac.com/a-story-of-integrity.

24. Zig Ziglar and Tom Ziglar, *Born to Win: Find Your Success Code* [Nacido para ganar: Encuentra tu código del éxito], (Ziglar Success Books, 2012).

25. Ronald Reagan, "Commencement Address, Eureka College" [Discurso de graduación, Eureka College], *Reagan Foundation*, 9 de mayo de 1982, https://www.reaganfoundation.org/ronald-reagan/reagan-quotes-speeches/commencement-address-eureka-college.

26. Orsolya Plesz, "Elvis Presley—a Biography" [Elvis Presley, una biografía], *Manchester Historian*, 6 de junio de 2017, https://manchesterhistorian.com/2017/elvis-presley-a-biography.

27. Danny McLoughlin, "Dr. Seuss Statistics" [Estadísticas del Dr. Seuss], *WordsRated*, 2 de noviembre de 2022, https://wordsrated.com/dr-seuss-statistics.

Sobre la autora

Joyce Meyer es una renombrada maestra de la práctica del mensaje de la Biblia y una de las autoras más vendidas del *New York Times*. Los libros de Joyce han ayudado a millones de personas a encontrar esperanza y restauración a través de la fe en Jesucristo. El programa de Joyce, *Disfrutando la vida diaria*, se emite por televisión, radio y en línea a millones de personas en todo el mundo en más de cien idiomas.

A través de Joyce Meyer Ministries, la autora enseña a nivel internacional una serie de temas con un enfoque particular sobre cómo la Palabra de Dios se aplica a nuestra vida cotidiana. Su cándido estilo de comunicación le permite compartir sin reservas y de forma práctica sus experiencias para que otras personas puedan aplicar a sus vidas lo que ella ha aprendido.

Joyce es autora de más de ciento cuarenta libros, que han sido traducidos a más de ciento sesenta idiomas y de los que se han distribuido más de treinta y nueve millones en todo el mundo. Entre sus libros más vendidos figuran *El poder del pensamiento*; *Fortaleza para cada día*; *Hábitos de una mujer piadosa*; *Supera cada problema*; *Cómo oír a Dios*; *Una vida sin conflictos*; *Belleza en lugar de cenizas*; y *El campo de batalla de la mente*.

La pasión de Joyce por ayudar a las personas que sufren es el fundamento de Hand of Hope [Mano de Esperanza], la rama misionera de Joyce Meyer Ministries. Cada año, Hand of Hope proporciona millones de comidas a personas hambrientas y malnutridas, instala pozos de agua dulce en zonas pobres y remotas, presta ayuda crítica tras catástrofes naturales y ofrece atención médica y dental gratuita a miles de personas a través de sus hospitales y clínicas en todo el mundo. Joyce también estableció el *Project GRL*, una iniciativa surgida de su deseo de dar a las mujeres y niñas marginadas por la sociedad o sus circunstancias la oportunidad de llegar a ser todo lo que Dios las ha creado para ser.

JOYCE MEYER MINISTRIES
DIRECCIONES DE LAS OFICINAS EN ESTADOS UNIDOS Y OTROS PAÍSES

Joyce Meyer Ministries
P.O. Box 655
Fenton, MO 63026
Estados Unidos
(636) 349-0303

Joyce Meyer Ministries – Canadá
P.O. Box 7700
Vancouver, BC V6B 4E2
Canadá
(800) 868-1002

Joyce Meyer Ministries – Australia
Locked Bag 77
Mansfield Delivery Centre
Queensland 4122
Australia
(07) 3349 1200

Joyce Meyer Ministries – Inglaterra
P.O. Box 1549
Windsor SL4 1GT
Inglaterra
01753 831102

Joyce Meyer Ministries – Sudáfrica
P.O. Box 5
Ciudad del Cabo 8000
Sudáfrica
(27) 21-701-1056

Joyce Meyer Ministries – Francofonía
29 avenue Maurice Chevalier
77330 Ozoir la Ferrière
Francia

Joyce Meyer Ministries – Alemania
Postfach 761001
22060 Hamburgo
Alemania
+49 (0)40 / 88 88 4 11 11

Joyce Meyer Ministries – Holanda
Lorenzlaan 14
7002 HB Doetinchem
Holanda
+31 657 555 9789

Joyce Meyer Ministries – Rusia
P.O. Box 789
Moscú 101000
Rusia
+7 (495) 727-14-68
9781644739648

Otros libros de Joyce Meyer

Sus batallas son del Señor

El campo de batalla de la mente

Cómo oír a Dios

La conexión de la mente

De mujer a mujer

Devocionales diarios de los Salmos

Disfrute donde está camino a donde va

Fortaleza para cada día

Hábitos de una mujer piadosa

Luzca estupenda, siéntase fabulosa

Maneja tus emociones

Mujer segura de sí misma

El poder del pensamiento

Supera cada problema

Tienes que atreverte

Una vida sin conflictos